W0367085

LES LEÇONS DE LA TERREUR

DU MÊME AUTEUR
CHEZ LE MÊME ÉDITEUR

L'Aliéniste
L'Ange des ténèbres
Le Diable blanc
Le Tueur de temps

Caleb Carr

LES LEÇONS DE LA TERREUR

Traduction de Jean Martellat

Document

PRESSES DE LA CITÉ

Titre original : *The Lessons of Terror*

Le Code de la propriété intellectuelle n'autorisant, aux termes de l'article L. 122-5, 2° et 3° a), d'une part, que les « copies ou reproductions strictement réservées à l'usage privé du copiste et non destinées à une utilisation collective » et, d'autre part, que les analyses et les courtes citations dans un but d'exemple et d'illustration, « toute représentation ou reproduction intégrale ou partielle faite sans le consentement de l'auteur ou de ses ayants droit ou ayants cause est illicite » (art. L. 122-4).
Cette représentation ou reproduction, par quelque procédé que ce soit, constituerait donc une contrefaçon sanctionnée par les articles L. 335-2 et suivants du Code de la propriété intellectuelle.

© Caleb Carr, 2002
© Presses de la Cité, 2002, pour la traduction française

ISBN 2-258-05912-7

Ce livre est dédié à
ANN GODOFF,
amie et éditrice,
qui a compris dès le début
combien ce projet était important pour son auteur

« Si un homme est tué injustement, son héritier sera en droit d'obtenir réparation. Mais qu'il ne pousse pas sa vengeance trop loin, car sa victime ne manquera pas d'être assistée et vengée. »

Le Coran, 17, 33

« Si un conquérant injuste et rapace asservit une nation et la contraint à accepter des conditions ignominieuses et insupportables, la nécessité oblige cette nation à se soumettre. Mais cette apparente tranquillité n'est pas la paix ; c'est une oppression qui ne dure aussi longtemps que les moyens lui manquent de s'en libérer, et contre laquelle les hommes de courage doivent se dresser à la première occasion propice. »

Emmerich de Vattel, *Le Droit des gens*

REMERCIEMENTS

Les idées contenues dans ce livre ont pris pour la première fois une forme écrite dans un article que j'ai publié en 1996 dans *The World Policy Journal*, dirigé alors par mon ami et mentor James Chace. S'il n'est rien d'important dans ma vie qui n'ait été influencé par les conseils avisés de James, je suis seul responsable des opinions émises dans cet ouvrage.

Mon agent, Suzanne Gluck, et son mari Tom Dyja, qui m'a fourni un titre, ont été de chauds partisans de cette entreprise dès sa conception, comme toujours.

Au cas où la dédicace de ce volume serait ambiguë, qu'il me soit permis d'ajouter qu'Ann Godoff a constamment soutenu non seulement les plus populaires de mes projets mais aussi ceux qui me tenaient le plus à cœur. De cela, et de son amitié indéfectible, je lui suis profondément reconnaissant.

Egalement à Random House, je tiens à remercier Sunshine Lucas, Timothy Mennel, Benjamin Dreyer, James Danly, Casey Hampton, Sarah D'Imperio, Tom Perry et Andy Carpenter, à l'immense talent. Melissa Strickland et Pam de Montmorency m'ont apporté dans mes recherches une aide experte sans laquelle ce livre n'aurait pas été réalisable. Je leur exprime, ainsi qu'aux autres remarquables dames de l'Institut de Recherches de Battery Park, toute ma gratitude et mon amitié.

Mes conversations avec Ezequiel Viñao, qui a partagé avec moi les fruits de ses vastes recherches et de ses idées pénétrantes, ont été capitales.

Oren Jacoby et Jennifer Maguire m'ont prodigué dès le début leurs encouragements et je les en remercie.

Mon vieil et fidèle ami Rob Cowley a eu l'obligeance de revoir le manuscrit et de faire des suggestions. Là encore, la responsabilité des opinions émises dans ce livre incombe à moi seul, mais pouvoir bénéficier des conseils de collègues aussi érudits et généreux m'a toujours été d'une aide précieuse.

Les délais ont été particulièrement difficiles à tenir. Pour le soutien qu'ils m'ont apporté dans des aspects quotidiens essentiels de l'entreprise, je remercie ma famille, ainsi qu'Arnie Kellar, le photographe William von Hartz, Ellen Blain, Tom Pivinski, Perrin Wright et Bruce Yaffe, médecin extraordinaire.

PROLOGUE

Symboliser notre époque, c'est porter un funeste fardeau. A peine terminé, le XXe siècle restera dans les mémoires autant pour sa succession de guerres et de génocides que pour tout autre de ses multiples aspects. Malheureusement, l'aube du nouveau millénaire n'a pas mis fin à cette horrible tradition. La première année du XXIe siècle nous a apporté des images qui caractériseront la décennie, voire la génération à venir : des avions de lignes commerciales, piratés par des extrémistes, ont percuté des immeubles de bureaux sans protection, provoquant l'effondrement de ces constructions et la mort de milliers de personnes.

Comment avons-nous pu en arriver là ? Comment sommes-nous parvenus à un moment de l'histoire où des hommes prétendant être des soldats au service d'une cause sont capables non seulement de commettre de telles atrocités mais aussi de les qualifier d'actes de guerre ?

A notre époque d'affrontements ethniques et religieux, les conflits sont souvent d'une inexplicable sauvagerie, nous ne le savons que trop, et cependant les événements du 11 septembre 2001 posaient et posent encore des questions qui semblent défier notre accoutumance, malheureusement fort développée, à l'horreur. La cacophonie produite par les journalistes friands de sensationnel et les présentateurs bavards des chaînes de télévision, aspect permanent de notre vie quotidienne depuis les attentats, n'a fait que cristalliser ces questions fondamentales qui continuent à se graver dans l'esprit des habitants de tous les pays confrontés à la menace de ce que, depuis une génération, on appelle le « terrorisme international ». Tandis que les attaques initiales portées à New York, à Washington et en Pennsylvanie conduisent à des contre-mesures et, inévitablement, à d'autres attentats, ces interrogations profondes et gênantes continuent à se frayer un chemin dans le tissu vulnérable de l'esprit des citoyens. Car ce sont des questions qui ne seront pas résolues par de petites phrases, et qui ne s'effaceront pas, même quand les responsables de ces massacres auront été arrêtés et exécutés.

Comment avons-nous pu, comment la civilisation a-t-elle pu en arriver là ?

Les causes immédiates de la crise actuelle ont été si longuement discutées que, pour un grand nombre de gens, elles sont devenues une sorte de récitation machinale : on diffuse à l'envi des articles sur les griefs et le fanatisme d'extrémistes de pays du Moyen-Orient et d'Asie, sur l'expansionnisme économique moralement ambigu de l'Occident, sur l'inévitable affrontement entre les religions, les cultures et les conceptions de la vie sauvagement antagonistes des deux camps. Néanmoins, ces dissections interminables, et finalement écrasantes, semblent curieusement ne pas être à la hauteur des événements que nous vivons, et ne jamais atteindre une ampleur et une portée comparables.

Il n'y a rien d'étonnant à cette confusion, à ce sentiment de déconnexion entre faits vécus et commentaires reçus. Il reste aujourd'hui relativement peu de gens qui se rappellent autrement que par les souvenirs flous de l'enfance la dernière fois que la civilisation a été confrontée à un moment véritablement historique. De plus, parmi les personnes assez âgées pour avoir participé à la lutte contre le fascisme et le totalitarisme au cœur du XXe siècle, il ne s'en trouve probablement aucune qui prenne aujourd'hui activement part aux décisions sur le contenu des programmes de télévision ou des articles de journaux et magazines. Et même s'il s'en trouvait, la télévision et la presse écrite ne peuvent fournir un cadre adéquat à des recherches sur ce que nous sommes en train de vivre, puisqu'elles ne sont, au mieux, que l'enregistrement myope d'événements récents et, au pire, un simple divertissement travesti en réflexion. Les moments historiques reviennent de droit à l'histoire, et c'est l'histoire qui constitue notre unique espoir de comprendre la route tortueuse qui nous a conduits dans ce défilé effrayant.

Ce bref ouvrage a pour objet de fournir une introduction aux racines historiques du terrorisme international moderne en situant ce phénomène dans le cadre de l'histoire militaire, de préférence aux sciences politiques ou à la sociologie. Il vise à montrer que ce qu'on a jusqu'à ce jour considéré et traité comme un problème exclusivement contemporain est en fait le stade actuel d'une évolution violente dont les origines remontent aussi loin que les conflits humains eux-mêmes : *autrement dit, le terrorisme n'est que l'appellation contemporaine et la forme moderne de la guerre délibérément menée contre des civils afin d'anéantir leur détermination à soutenir des dirigeants ou des politiques que les agents de cette violence jugent inadmissibles.*

Les bains de sang de cette sorte sont tout à fait différents de ce que beaucoup qualifient aujourd'hui (souvent avec un manque total de sincérité) de « dommages collatéraux », c'est-à-dire des morts accidentelles causées dans la population civile par des unités militaires en guerre. Comme les dommages collatéraux, cependant, la guerre délibérée contre les civils a toujours fait partie de notre réalité, et ne peut être vraiment comprise hors de son contexte. Toute étude de ses origines historiques doit donc reposer sur de nombreux précédents spécifiques pour contribuer à approfondir et à rendre plus productif l'examen de la crise actuelle. Le fait que cet examen continue à être nécessaire à tous les niveaux de la société, indépendamment de l'évolution au jour le jour des événements et des politiques affectant certains aspects particuliers de la situation présente, nous en avons la preuve avec un problème délicat et persistant : si les terroristes eux-mêmes doivent porter la culpabilité essentielle de leurs activités, violentes et autres, les citoyens et les dirigeants des nations et des communautés dans lesquelles ils ont choisi de créer leur forme particulière d'enfer ne peuvent échapper à une certaine responsabilité, car nous avons suffisamment mal compris ou ignoré les origines et la nature de la menace pour leur rendre la tâche bien plus facile.

Soutenir cette opinion, à la lumière des récents événements, s'apparente dangereusement à une mise en accusation de la victime. Pourtant, quand nous comprendrons que cette forme de violence s'insère parfaitement dans l'histoire des conflits humains, nous constaterons que des termes comme *victime* et *coupable* prennent des acceptions différentes — comme d'ailleurs le mot *terrorisme* lui-même.

Au cours des quarante dernières années, les dirigeants des Etats-Unis et d'autres pays du monde ont généralement défini le terrorisme international (par opposition au terrorisme *national*, qui sort du champ de cette étude) comme un type particulier de crime, dans le but de susciter une indignation générale et mondiale contre les responsables de tels massacres et leur dénier le statut, plus respecté, de véritables soldats. Même depuis que les attentats du 11 septembre ont incité un grand nombre de ces dirigeants à faire état d'une « guerre » générale contre les terroristes, les actes de ces derniers sont toujours plus souvent qualifiés d'actes criminels que d'actes de guerre. Certes, avant qu'ils ne mettent au point la tactique consistant à transformer des avions en missiles balistiques, souvent le comportement des terroristes (assassinat, kidnapping, attentat à la bombe) ne se distinguait pas de celui des criminels ordinaires. En outre, les causes terroristes attiraient fréquemment — et attirent encore — des individus qui se servaient de justifications philosophiques ou politiques pour dissimuler une cupidité et une soif de sang plus profondes : comme on l'a récemment constaté, les organisations terroristes, avec leurs experts en blanchiment d'argent, trafic de drogue et fausse monnaie, présentent une forte ressemblance avec les familles du crime organisé.

Pour autant, vouloir à tout prix considérer les terroristes comme des criminels a toujours posé un problème central : cette qualification limite généralement à des mesures défensives l'éventail des réponses auxquelles les gouvernements, américain ou autres, peuvent légitimement avoir recours. Pendant la majeure partie des huit années de présidence de Clinton, par exemple, bien que la nature et les objectifs d'organisations terroristes mondiales comme l'Al Qaida d'Oussama Ben Laden aient été parfaitement connus, le gouvernement consacrait presque tous les crédits fédéraux attribués à la lutte antiterroriste aux investigations et au renseignement, négligeant les frappes militaires préventives contre les chefs, les réseaux ou les bases terroristes. (La mesure militaire la plus énergique de Clinton contre le terrorisme — les bombardements de l'Afghanistan et du Soudan qui suivirent les attentats terroristes de 1998 contre des ambassades américaines en Afrique — n'était qu'une riposte, tout à fait prévisible, pour ne rien dire de son absolue inefficacité.) Dans la crise actuelle, le gouvernement de George W. Bush, au lieu de tirer pleinement profit des règles qui régissent l'état de guerre, s'est contenté d'utiliser des *armes* de guerre : sur le plan stratégique, il s'est auparavant plié aux exigences de nombreux pays demandant que l'Amérique fasse légalement la « preuve » de la culpabilité d'Al Qaida, comme si la lutte contre le terrorisme se déroulait devant un tribunal international en plein air, et non sur les champs de bataille de New York, de la Pennsylvanie, de Washington, de l'Afghanistan, et dans des dizaines d'autres endroits moins connus.

En d'autres termes, nos dirigeants et nous, les citoyens, avons été par le passé et restons dans des proportions inquiétantes enclins à mettre les terroristes sur un pied d'égalité avec les contrebandiers, les trafiquants de drogue, à les traiter tout au plus comme des sortes de mafiosi politiques au lieu de ce qu'ils sont en réalité depuis près d'un demi-siècle : des unités paramilitaires organisées, très bien entraînées, extrêmement destructrices, qui menaient et mènent des campagnes offensives contre une série de pays et de systèmes sociaux. Le terrorisme international a toujours été ce que ses agents ont souvent proclamé : une forme de guerre. Et, bien que les dirigeants américains et les médias internationaux aient été plus que disposés, après les attaques du 11 septembre, à affirmer que les Etats-Unis étaient de fait en guerre, il a fallu du temps pour élaborer une stratégie militaire véritablement unifiée, globale et résolue afin de mener cette guerre, et cette stratégie s'est révélée difficile à maintenir. La confusion et les discussions sur les termes et les concepts, les objectifs et les stratégies ont entravé dès le début la mise en œuvre de la réponse de l'Amérique.

Si le coût de cette confusion est patent, les raisons qui la sous-tendent le sont moins. En un sens, ils reposent pourtant avant tout sur une seule considération : le statut et la nature de l'ennemi qui a semé la mort et la destruction sur notre sol à une échelle sans précédent. Non seulement en tant qu'Occidentaux mais en tant qu'êtres humains, nous avons tendance à conférer une certaine noblesse, préjudiciable, aux mots *soldats* et *combattants*. Nous nous refusons à attribuer cette qualité ou à décerner de tels titres à des hommes et des femmes qui prennent délibérément pour cible des gens ordinaires, des civils qui ne disposent que d'un seul moyen pour influencer la politique de leurs dirigeants : le vote occasionnel, ou la révolte, encore moins fréquente. Frapper les populations civiles n'est pourtant pas nouveau — c'est, dit-on, aussi vieux que la guerre elle-même — et le monde a consenti par le passé à accorder le statut de « soldats » à certains de ceux qui s'adonnaient à cette pratique avec le plus de cruauté. Ce livre ne traite donc pas de groupes marginaux ou de sectes obscures. Il décrit un type de guerre pratiqué à un moment ou à un autre par tous les pays de la terre, y compris — trop souvent — par les Etats-Unis.

De fait, plusieurs des héros les plus célébrés de la guerre de Sécession — Thomas « Stonewall » Jackson, William Tecumseh Sherman et d'autres — ont systématisé et légitimé ce que l'on considérait à l'époque comme une tactique militaire extrême, quoique courante. La liste des grandes figures historiques qui correspondent à la définition du *terroriste* — individu qui s'attaque délibérément aux civils afin de saper le soutien qu'ils accordent à leurs dirigeants et à la politique de ceux-ci — ne se limite pas davantage aux héros militaires ou paramilitaires : l'empereur romain Auguste ou Louis XIV, le Prussien Otto von Bismarck, le duo américain Richard Nixon et Henry Kissinger ne sont que quelques-uns des hommes d'Etat qui ont contribué à perpétuer cette pratique.

Tous ces personnages furent en fait des « soldats », qu'ils se soient considérés comme tels ou non. Ils ne l'étaient peut-être pas selon les termes étroits, occidentaux et largement datés des conventions de Genève signées au début du XXe siècle, mais ils le furent au sens primordial, universel et durable, comme l'étaient les pirates de l'air qui ont détourné des avions de ligne pour les jeter sur le World Trade Center et le Pentagone. On peut leur refuser le nom d'armée si on le souhaite ; leur groupe était cependant organisé comme une armée et se conduisait comme une armée, donnant et recevant des ordres secrets pour attaquer ses ennemis selon une variété de tactiques ne servant qu'une seule stratégie : la terreur.

Mais la chose la plus essentielle, peut-être, que les terroristes d'aujourd'hui partagent avec ceux qui ont fait autrefois la guerre aux civils, c'est une incapacité constante à comprendre que la stratégie de la terreur est un échec. Il est déroutant et difficile d'accepter que ce que nous appelons « terrorisme » est en fait une forme de guerre, mais il est peut-être plus déroutant et difficile encore — d'autant que nous sommes plongés dans une guerre avec des terroristes — de comprendre que cette forme de guerre-là n'a jamais été victorieuse. C'est cependant de cette découverte que nous devons tirer à la fois notre plus grand espoir et nos mises en garde les plus sévères. La guerre contre les civils, inspirée par la haine, la vengeance, la cupidité, l'insécurité politique ou psychologique, est l'une des tactiques les plus contre-productives, en dernière analyse, de toute l'histoire militaire. En fait, il serait difficile d'imaginer une tactique plus défavorable aux diverses causes de ceux qui la pratiquent. Pourtant, ces mêmes mobiles — haine, vengeance, cupidité et insécurité — ont poussé maintes et maintes fois des nations et des factions, grandes ou petites, à la stratégie de la terreur, à la tactique de guerre aux populations civiles. Certaines parties du monde sont tellement enfermées dans le cycle des attentats et des représailles contre les civils que leur histoire ne comporte guère autre chose. Pourtant, de cette confusion sanglante, une affirmation claire émerge de manière répétée : la nation ou la faction qui recourent le plus souvent et le plus implacablement à la guerre contre les civils sont celles qui risquent le plus de voir leurs plans échouer, et même, dans nombre de cas, leur existence se terminer.

Dans les chapitres qui suivent, nous illustrerons cette surprenante conclusion par des exemples pris à de nombreuses époques historiques, en remontant jusqu'à la République romaine, et de cette triste saga nous tirerons une seconde conclusion critique. En définissant le terrorisme comme une guerre, nous induisons déjà que la seule riposte adéquate aux attaques contre des civils, c'est l'action militaire (ce qui ne revient pas à dire que cette action militaire ne doit pas s'accompagner d'opérations de renseignements et d'enquêtes criminelles), mais la nature de cette action militaire est aussi importante que son déclenchement. En considérant ce que cette nature doit être, nous aboutissons à une autre leçon historique aussi évidente qu'ignorée : il ne faut jamais répondre à la guerre aux civils par la guerre aux civils. Car si cette forme de guerre a toujours été un échec, les représailles contre les populations civiles ont été plus graves encore, en particulier quand elles ont pris une ampleur sans commune mesure avec l'attentat originel.

La réponse appropriée à la menace terroriste ne se trouve donc pas dans l'analyse répétée de mouvements terroristes contemporains pris individuellement, ni dans les efforts légalistes pour faire condamner leurs actes par des tribunaux de droit international, ni dans des politiques et des opérations réactionnaires qui frappent les populations civiles autant que les terroristes qui agissent en leur sein. Elle réside dans l'élaboration d'une stratégie globale, progressive, qui pourra s'appliquer à toutes les menaces terroristes avec les seules mesures coercitives qui ont jamais affecté ou limité le comportement terroriste (ou tout autre comportement militaire ou paramilitaire) : des offensives préventives visant à faire connaître non seulement aux terroristes mais aussi aux Etats qui les protègent et leur fournissent des armes cette insécurité permanente dans laquelle ils cherchent à plonger leurs victimes. Les méthodes doivent être différentes, bien sûr, car, nous l'avons dit, il ne faut jamais répondre à la terreur par la terreur. Mais à la guerre, on ne peut répondre que par la guerre, et il nous incombe de mettre au point une forme de guerre plus imaginative, plus décisive, et cependant plus humaine que tout ce que les terroristes peuvent inventer. Une telle stratégie n'existe pas et ne peut être définie sans retracer au préalable à la fois la longue histoire de la guerre contre les civils, qui a engendré le problème actuel du terrorisme, ainsi que celle des tentatives passées pour faire face à cette sanglante tradition.

En d'autres termes, seule l'histoire militaire peut nous permettre de tirer les leçons qui résoudront le dilemme du terrorisme international contemporain.

Ces leçons ne sont pas nécessairement nouvelles ; dans de nombreux cas, elles sont patentes depuis des siècles, et ont été comprises par de nombreuses générations de dirigeants clairvoyants. La plupart d'entre eux n'ont toutefois pas su résister à la tentation de faire la guerre aux civils, bien que cette attitude se soit en fin de compte révélée particulièrement néfaste pour leurs propres intérêts, car l'attrait de la terreur comme solution apparemment rapide et satisfaisante est puissant. Ce livre ne soutient donc aucunement que nous sommes parvenus à un point de l'histoire où la guerre contre les civils peut soudain devenir moralement et militairement obsolète. Cette vue d'ensemble ne conclut pas davantage qu'on peut venir rapidement à bout des tactiques de la terreur : d'une manière générale, il faut une génération pour les déjouer, et des efforts de grande ampleur. Ce que cette étude affirme, en revanche, c'est que chaque fois que ces tactiques ont été utilisées, elles ont échoué en dernière instance, et elles sont encore aujourd'hui vouées à l'échec : c'est la leçon fondamentale et la principale raison d'espérer qu'on peut tirer de l'histoire souvent inquiétante qui remplit ces pages.

Un dernier point : lorsque, il y a cinq ans, j'ai présenté l'essentiel de ces idées, de nombreux experts en terrorisme dont je respecte depuis longtemps les travaux ont déclaré que je réagissais de manière excessive à la menace que le terrorisme constituait alors en me faisant l'avocat d'un « usage libéral de la force militaire », en « élucidant un paradigme de guerre ». J'ai toujours avoué que je comprenais imparfaitement ce que cette dernière phrase pouvait bien signifier, mais si elle voulait dire que je recommandais aux Américains de faire ce que leurs ennemis faisaient depuis longtemps — mener la guerre avec tous les moyens à leur disposition — j'accepte alors la critique et je fais remarquer que ce sont les terroristes qui ont été les premiers à « élucider » un tel « paradigme ». Quoi qu'il en soit, je tiens aujourd'hui pour irréfutable que les dangers du terrorisme continuent à croître. Malgré nos efforts actuels dans le domaine militaire, les principales menaces terroristes — la guerre biologique, chimique et même nucléaire, les attentats et attaques suicides, les détournements d'autres avions, ainsi que les programmes complexes de soutien étatiques nécessaires pour préparer de tels actes — ne sont toujours pas attaquées à la racine sur un plan international, quels que puissent être les succès remportés sur des groupes spécifiques ou des individus. Pendant des années, nous avons refusé de voir ces dangers ou, pis encore, nous avons tenté d'y répondre en nous préoccupant davantage des mobiles et des objectifs des terroristes que de leurs actes. Aujourd'hui, répondre au terrorisme n'est pas une question d'études sociologiques ou de négociation : les terroristes ne braquent plus leurs armes sur nos têtes en formulant des exigences ; ils tirent, sans discussion ni avertissement. Une action militaire continue et, selon toute probabilité, progressivement accrue, apportera l'unique solution au problème. Le terrorisme sera éradiqué non pas quand nous en viendrons à une sorte d'arrangement avec ses agents, ni quand nous les aurons physiquement éliminés, mais lorsqu'il sera perçu comme une stratégie et un comportement qui ne débouchent que sur la défaite finale des causes qui l'inspirent. (Après tout, même les terroristes kamikazes, qui ne font aucun cas de leur propre vie ni de celle des autres, vénèrent leur cause.) L'histoire détient la clé de la transformation capitale d'un fléau mondial en une relique tactique et comportementale, et c'est donc vers l'histoire que nous devons maintenant nous tourner.

1

UNE CATASTROPHE, PAS UN REMÈDE

Bien avant que la prise délibérée de populations civiles pour cible en vue d'affecter le comportement de pays et de dirigeants soit appelée *terrorisme*, cette tactique a porté toute une série d'autres noms. De la République romaine à la fin du XVIIIe siècle, par exemple, l'expression la plus fréquemment utilisée était *guerre de destruction*. Les Romains eux-mêmes parlaient souvent de *guerre punitive*, bien qu'à proprement parler les expéditions punitives n'aient constitué qu'une partie de la guerre de destruction. Car si les Romains ont effectivement mené de nombreuses campagnes militaires pour châtier la trahison ou la rébellion, d'autres actions destructives avaient pour unique but d'intimider les peuples récemment conquis par une démonstration du pouvoir redoutable de Rome, et de réduire ainsi (du moins l'espéraient-ils) tout éventuel soutien aux chefs locaux. En outre, il était nécessaire de permettre aux célèbres légions romaines, indignement mal payées, de piller et de violer en récompense de leur fermeté quasi inhumaine au cœur de la bataille. L'exemple de Rome comprend presque toutes les formes possibles de guerre contre les civils : en ce domaine comme dans de nombreux autres, le plus grand Etat de l'Antiquité a établi une remarquable série de précédents pour un grand nombre de républiques et d'empires occidentaux ultérieurs.

Les Romains ne connaissaient qu'une façon de se battre — avec une férocité implacable et cependant disciplinée — mais ils finirent par concevoir plusieurs façons de traiter la paix. La première, celle qui connut le plus de réussite, était par nature favorable à l'intégration : les peuples des provinces conquises pouvaient prétendre, s'ils acceptaient de se soumettre à l'autorité et aux lois de Rome, accéder à la citoyenneté de la République (et plus tard de l'Empire). De fait, certains nouveaux sujets, en particulier les marchands et autres notables, obtenaient parfois très vite le statut de citoyen. Même les esclaves pouvaient aspirer à la citoyenneté, car dès l'origine Rome avait mis en place un remarquable système d'affranchissement leur offrant de multiples voies par lesquelles échapper à la condition désespérante d'un asservissement sans fin (et à la tendance à la révolte que le désespoir engendre souvent) en gagnant, en achetant ou en obtenant d'abord leur liberté puis le rang de citoyen. Les affranchis ont joué un rôle important dans l'histoire romaine (plus d'un empereur a été sauvé par un affranchi loyal), et d'une manière générale, ces politiques complémentaires — l'octroi de la citoyenneté aux peuples conquis, l'espoir d'un affranchissement offert aux esclaves — peuvent être considérées comme les bases de l'hégémonie romaine pour près d'un millénaire.

Comme tant d'empires et de grandes puissances qui les suivirent, les Romains étaient également engagés dans des politiques plus cupides et moins bienveillantes qui menacèrent en maintes occasions de ruiner la sécurité et la stabilité bâties par leur génie. En premier lieu, ils faisaient preuve d'un goût prononcé pour la vengeance à l'encontre d'ennemis perçus comme intraitables ou perfides, l'exemple le plus célèbre étant Carthage et son chef Hannibal, à la fin du IIIe siècle avant J.-C. Les longues années de lutte contre Hannibal — dont les expéditions et les campagnes à travers toute l'Italie suscitèrent chez ses adversaires une haine assoiffée de sang et un sentiment aigu de vulnérabilité — conduisirent les Romains, quand ils s'emparèrent enfin de Carthage au bout d'un demi-siècle, non seulement à piller mais encore à raser totalement la ville. S'ils édifièrent rapidement leur propre cité au-dessus des ruines, l'expérience parut prouver le bien-fondé d'une tendance déjà malheureuse, voire fatale, à la fois dans l'armée romaine et les maîtres du Sénat.

La destruction de Carthage constitua un événement rare dans l'histoire d'une grande puissance : l'élimination totale non seulement du foyer de l'ennemi mais aussi d'une grande partie, sinon de la majeure partie, de son peuple : hommes, femmes, enfants, vieillards. Ce fut le modèle de la guerre de destruction, et les Romains, non contents d'en célébrer la mémoire, tentèrent à plusieurs reprises de le répéter. Ce faisant, ils faisaient le lit de leur chute finale. Evénement rare, la destruction de Carthage se révéla de plus impossible à reproduire. Le penchant des Romains pour la guerre de destruction impitoyable, aiguisé par la lutte contre Carthage, s'accrut à chaque génération jusqu'à devenir assez fort pour menacer une stabilité que le brillant système de citoyenneté et d'affranchissement avait apparemment rendue inébranlable.

Pendant tout le reste de son histoire, Rome fut tiraillée entre deux impératifs : d'un côté le noble désir d'être un empire d'intégration, édifié non sur la guerre de destruction mais sur une expansion économique et politique puissante ; de l'autre une propension violente — née dans l'armée mais alimentée par des idées sentimentales sur la guerre répandues chez tous les citoyens romains — à être un Etat chauvin, pillard, prenant ce qu'il voulait à qui le détenait. La métamorphose de Rome en empire juste avant la naissance du Christ fit pencher la balance, de manière alarmante mais inéluctable, en faveur de la seconde tendance, malgré les efforts de plusieurs empereurs perspicaces pour éviter un tel glissement. Car avec le déclin du Sénat comme bras critique du gouvernement, les nombreuses factions politiques qui se disputaient le contrôle de l'Etat et équilibraient mutuellement leurs ambitions firent place à un nombre limité de factions impériales. Lorsque le pouvoir fut revendiqué par une poignée d'hommes qui n'étaient pas élus et n'avaient aucun compte à rendre aux citoyens, l'armée devint l'élément principal du maintien du pouvoir. Or, c'était elle qui avait toujours prôné la guerre de destruction, d'abord pour que cela serve d'exemple — macabre — à des sujets politiquement rebelles, ensuite pour se venger des défaites et des trahisons qu'elle avait subies, enfin pour arrondir la solde relativement maigre versée aux soldats et leur permettre d'assouvir leurs appétits pendant les campagnes.

Il n'est donc pas surprenant que les siècles de la Rome impériale aient été caractérisés non seulement par des versions plus dures des guerres contre les civils qui avaient marqué les actions militaires pendant la République, mais aussi par des tactiques de destruction nouvelles, étonnamment cruelles et souvent gratuites. D'aucuns ont naturellement argué (les Romains eux-mêmes ne furent pas les derniers) que l'Empire se battait contre des tribus barbares, et que ses légions devaient adopter la tactique de l'ennemi pour espérer vaincre. (Divers groupes et individus ont utilisé des arguments semblables à propos de la guerre contemporaine contre le terrorisme.) Outre que les Romains combattaient aussi des sociétés civilisées bien établies comme les communautés juives disséminées dans ce que nous appelons aujourd'hui le Moyen-Orient, les dirigeants de Rome avaient déjà eu amplement le temps et l'occasion de comprendre la nature spécieuse de ce raisonnement. En premier lieu, la guerre de destruction ou punitive contre les civils de toute communauté qui n'était pas romaine (« barbare » ou non) n'avait conduit qu'à susciter, pendant des générations, un sentiment antiromain dans cette population. En second lieu, Rome était le plus souvent en guerre non pas tant contre des tribus entières que contre des chefs charismatiques qui apparaissaient de temps à autre pour mener à la révolte leurs peuples, dont souvent la cruauté romaine avait provoqué l'agitation.

Autrement dit, nous pouvons déceler dans l'exemple de Rome la vérité essentielle de la guerre contre les civils : menée sans qu'il y ait eu provocation, elle entraîne généralement une riposte de même nature ; menée dans un but de représailles, elle ne fait que perpétuer un cycle de vengeances et d'atrocités qui peut durer des générations. Elle doit donc être évitée sous ses deux formes — offensive ou riposte — car, répétons-le, les Etats et les peuples qui pratiquent à outrance la guerre contre les civils verront leurs intérêts pâtir dans la même mesure. Rome a fait ses plus grandes conquêtes non *à cause* des atrocités commises pour maintenir dans l'obéissance des sujets rétifs ou une fois que les batailles ont été remportées, mais *en dépit* de ces atrocités, et parce que la promesse d'intégration dans la société romaine était trop séduisante pour que la plupart des peuples la refusent. Les violences de l'armée romaine ne firent que créer et perpétuer une amertume sous-jacente qui pouvait couver longtemps et finalement déborder sous la forme d'un soutien ouvert à des chefs rebelles qui réclamaient un retour aux sociétés tribales traditionnelles.

Il y a dans la révolte de la plupart de ces chefs une ironie lourde d'implications pour la situation contemporaine : les plus dangereux et les plus efficaces d'entre eux furent des hommes formés par Rome elle-même, généralement dans les rangs de ses légions, et souvent dans le corps des officiers. C'est cette formation qui leur a permis d'organiser leurs guerriers en unités disciplinées capables de combattre les Romains avec leurs propres méthodes. Nous devons en tirer une leçon claire, qui a résisté aux innombrables luttes sans pitié menées à travers les siècles : un pays ne doit jamais croire qu'il peut utiliser (et particulièrement former) des terroristes quand cela lui convient puis s'en débarrasser quand il n'a plus besoin d'eux. Car de même que répondre à la terreur par la terreur ne fait que perpétuer le cycle de la violence terroriste, avoir recours à des agents de la terreur pour répondre aux exigences d'une crise politique ou militaire passagère entraîne presque à coup sûr un retournement de ces agents contre leurs maîtres et alliés présumés une fois l'ennemi commun vaincu. A l'époque impériale, la guerre étant moins prisée par les jeunes Romains, Rome dépendait de plus en plus des troupes barbares pour sa défense. Les expériences malheureuses des dirigeants romains avec des soldats étrangers formés par Rome qui se retournèrent contre l'Empire auraient dû leur servir de leçon. Pourtant ils continuèrent non seulement à former de tels hommes mais aussi à les placer à des postes où ils pouvaient nuire grandement à l'Empire.

Un exemple de ces pratiques problématiques et de leurs résultats se détache particulièrement, peut-être par la façon claire, voire glaçante, dont il annonce la chute de l'Empire, quatre cents ans plus tard. Pendant le règne d'Auguste, Rome décida d'étendre sa domination aux tribus vivant à l'est du Rhin, dans la province de Germanie. Et cela bien que le grand Jules César lui-même (dont la célèbre conquête de la Gaule avait été rapidement consolidée par l'octroi habile de la citoyenneté romaine aux peuples conquis de cette province) eût toujours soutenu que le Rhin marquait la ligne de partage entre les tribus susceptibles d'être intégrées sans risques dans l'Empire et les autres. Mais la gloire et le butin, ressorts habituels de la conquête (la Germanie n'avait aucune valeur stratégique), attirèrent Auguste et ses légions de l'autre côté du fleuve. Confrontés à une vive résistance de la part des Germains, les Romains réagirent par des assauts plus opiniâtres encore et, quand une nouvelle province romaine fut enfin établie, nombreux étaient les villages et les tribus qui avaient de bonnes raisons de haïr leurs nouveaux maîtres. Certes, les avantages de la citoyenneté romaine et la politique d'affranchissement gagnèrent un grand nombre de Germains à la cause romaine, mais le souvenir des corps démembrés et crucifiés, des femmes violées, ainsi que l'arrivée d'un étrange panthéon de dieux eurent finalement un effet plus durable sur les tribus germaniques.

En l'an 9, il devint manifeste que la paix régnant apparemment en Germanie n'était qu'un masque, un masque que de plus en plus de Germains trouvaient lourd à porter. Depuis trois ans, l'Empire était aux prises avec un soulèvement en Pannonie. Rome y avait envoyé légions sur légions, ce qui avait contraint Auguste à affranchir un grand nombre d'esclaves pour les incorporer dans l'armée. Ce fut dans cette situation de faiblesse que le gouverneur de la Germanie récemment devenue romaine, Publius Quintilius Varus, eut vent de troubles similaires dans sa propre province. Il rassembla aussitôt ses troupes et se mit en marche pour étouffer la révolte, ignorant alors que la rébellion comprenait un grand nombre de ses propres soldats (des guerriers germains qu'on pensait intégrés à l'Empire) et était dirigée par l'un de ses propres lieutenants, un commandant germain de troupes auxiliaires nommé Arminius.

Tous les éléments démontrant le caractère injustifié — pour ne rien dire de son immoralité — du recours à la guerre de destruction contre des civils entrèrent alors en jeu. Arminius, qui avait étudié la tactique romaine en participant à la première campagne de Pannonie, était un personnage charismatique. Une grande partie de l'autorité dont il jouissait parmi les tribus germaniques reposait sur son appel à un retour aux fondements du paganisme local. Mais surtout, il gagna les guerriers germains à sa cause en renonçant aux méthodes de guerre romaines. Il entendait diriger sa colère, déclara-t-il, uniquement contre les troupes combattantes, épargnant, à la différence des Romains, les femmes, les enfants et les vieillards. Désertant son poste dans l'armée de Varus peu après que l'expédition du gouverneur se fut mise en marche, Arminius ordonna à ses hommes d'entraîner l'ennemi sur un terrain difficile, à proximité de la forêt de Teutobourg, et de lui tendre une série d'embuscades. Pris de panique en découvrant le piège, Varus se suicida, après quoi ce qu'il restait des trois légions qu'il avait commandées fut taillé en pièces, et les Romains massacrés jusqu'au dernier.

L'événement provoqua une onde de choc dans tout l'Empire. Il se peut même qu'il ait hâté la fin d'un Auguste vieillissant et malade. (Obsédé par la défaite, l'empereur errait dans son palais, se frappait la tête contre les murs en exigeant que Varus lui rende ses légions perdues.) Peu après la mort d'Auguste, son successeur Tibère, dur et buté, envoya des troupes sous le commandement d'un membre plus populaire de la famille impériale, le jeune et beau Germanicus, pour mater la rébellion d'Arminius. L'opération, qui dura une décennie, fut menée avec une férocité typiquement romaine. La répression fut si horrible que Germanicus lui-même, après avoir vu ses hommes massacrer d'anciens soldats romains qui avaient suivi Arminius dans sa révolte, s'écria : « Ce n'est pas un remède, c'est une catastrophe ! »

Plus révélatrice encore est la façon dont Arminius défendit ses actes : « Mon combat a été franc, sans traîtrise, dit-il à son peuple. J'ai lutté contre des hommes en armes, non contre des femmes enceintes. » Que ce fût vrai ou non, c'était en tout cas ce que les Germains voulaient entendre, comme l'allégation suivante d'Arminius : « Les forêts de Germanie montrent encore les aigles et les insignes romains que j'ai accrochés à leurs arbres en l'honneur des dieux de nos pères. » Il railla ensuite la déification d'Auguste à Rome, se moquant de ceux qui avaient « un être humain à adorer ». « D'autres pays ignorant la domination romaine n'ont pas connu ses lois ni ses châtiments. Nous les avons connus, et nous nous en sommes libérés ! » poursuivit-il. Faisant comprendre à ses partisans que s'ils préféraient leur terre, leur famille et « les coutumes anciennes à l'asservissement par des tyrans étrangers », ils devaient continuer à le suivre, Arminius résista plus longtemps que tous ceux qui se dressèrent contre l'hégémonie de Rome, et ses hommes payèrent leur rébellion bien plus cher quand les Romains en vinrent enfin à bout.

Toutefois, lorsque les légions victorieuses quittèrent la Germanie après avoir écrasé la révolte d'Arminius, ce fut un retrait définitif : Rome ne tenta jamais de rétablir une province à l'est du Rhin. Mais pour les générations qui suivirent, le souvenir de sa présence devint matière à une légende haineuse. Après avoir engendré leur pire ennemi à l'école brutale de l'armée romaine — et, à une plus grande échelle, édifié une société hétérogène dans laquelle même des étrangers hostiles pouvaient se fondre —, les Romains avaient été fortement ébranlés par le massacre de la forêt de Teutobourg, et la profondeur de leur sentiment d'insécurité se refléta dans la dureté de leur réaction.

S'ils avaient réfléchi plus sereinement, ils auraient pris conscience que l'élimination du seul Arminius par l'assassinat — tactique que ni la morale ni la société romaines ne rejetaient comme inacceptable — aurait provoqué l'effondrement de la révolte. La tâche aurait été difficile puisque Arminius n'avait révélé sa trahison qu'une fois la rébellion déclenchée, mais le meurtre avait constitué une tactique couronnée de succès dans la liquidation d'un certain nombre d'autres soulèvements, les mouvements de révolte ayant tendance — comme aujourd'hui — à s'organiser autour de chefs charismatiques difficiles à remplacer, qui ne s'entourent pas de seconds aussi talentueux qu'eux pouvant devenir des rivaux. Une fois le meneur éliminé, le mouvement périclitait généralement, fait qui n'a pas été pris en considération comme il aurait dû l'être pendant nos propres années de lutte contre le terrorisme moderne.

Par ailleurs, il n'aurait pas dû être difficile aux Romains, compte tenu de leur expérience dans d'autres provinces, de comprendre qu'une guerre de destruction à grande échelle contre toutes les communautés germaniques ne servirait qu'à créer des générations de Germains haïssant l'idée même de Rome. Plus tard, pour tenter de régler des conflits semblables, les Romains eurent recours à des tactiques plus limitées et mieux ciblées, souvent avec succès. Mais le mal était fait. Les siècles pendant lesquels ils avaient assené toute leur puissance non seulement à des armées mais aussi à des populations civiles étrangères avaient miné leur brillante politique de citoyenneté ouverte et d'affranchissement, et créé un monde dans lequel Rome était perçue comme la source du malheur et non comme sa solution.

On peut naturellement soutenir qu'avec la tactique qu'ils utilisèrent, les Romains purent demeurer pendant des siècles la grande puissance du monde occidental. Mais, là encore, ils parvinrent à cette prééminence *malgré* leur férocité, pas grâce à elle. Le penchant de Rome pour la guerre de destruction n'a servi qu'à faire vivre ses citoyens dans la menace constante et les exigences de la rébellion et du conflit à leurs frontières, ainsi qu'à faire naître un sentiment d'insécurité qui déboucha finalement sur une lassitude dangereuse face à la guerre. Cette lassitude contribua à son tour à alimenter directement et fortement un sentiment d'indifférence envers le service de l'Etat, d'une manière générale, et de l'armée en particulier (pour ne rien dire d'une décadence globale) qui marqua les générations suivantes, notamment les jeunes Romains.

S'il n'y avait eu cette apathie et cette aversion — si servir Rome n'avait été souvent marqué par un comportement avec lequel des esprits éclairés, inventifs refusaient de s'identifier —, combien d'années de plus Rome aurait-elle duré ? Combien des aspects les plus rebutants de l'histoire romaine auraient été éliminés ou au moins rachetés ? Et surtout, qu'est-ce qu'un tel changement aurait signifié pour un monde voué à être submergé par la barbarie quand Rome connaîtrait sa fin ?

Cette fin arriva, pour la partie occidentale de l'Empire, au Ve siècle après J.-C. Elle commença, affirment beaucoup, pendant un hiver particulièrement froid où le Rhin gela complètement et offrit aux tribus germaniques un pont de glace pour pénétrer en territoire romain. Nous ne disposons d'aucun moyen véritablement fiable de savoir si plusieurs de ces guerriers venus plus tard avaient été nourris, comme des générations avant eux, de récits sur la cruauté romaine et les hauts faits d'Arminius. Si tel est le cas, les Romains n'avaient à s'en prendre qu'à eux-mêmes.

Les parallèles avec notre époque sont manifestes, et ils présentent une vérité dérangeante : s'agissant du problème, de la pratique et de la tactique de la guerre contre les populations civiles, l'humanité a très peu progressé au cours des deux mille dernières années.

2

DULCE BELLUM INEXPERTIS

Les deux idées les plus importantes que Rome a léguées au monde, c'est donc que la guerre n'a pas besoin d'autre justification que l'accroissement du pouvoir, et qu'il n'y a aucune raison de traiter les civils avec moins de sévérité que les militaires. Confirmant ainsi — légitimant, même — le comportement de la plupart des tribus et Etats non romains, Rome a clairement inscrit ces pratiques amorales au centre de presque tous les conflits internationaux qui ont suivi l'effondrement de l'Empire. Ainsi, ces pratiques se révélaient en contradiction avec l'essor de deux religions mondiales qui prétendaient se fonder sur les principes non seulement de la morale mais aussi de la compassion, de la pitié, de l'amour, qualités difficiles à concilier avec quelque acte de violence que ce soit, encore plus avec la prise de civils pour cible comme méthode pour répandre la terreur afin de saper la cohésion politique de l'ennemi et d'accroître ses propres richesses. Il s'avéra toutefois que le christianisme et l'islam, une fois qu'ils se furent hissés au-dessus du statut de cultes mystérieux, firent peu d'efforts pour modifier ces regrettables modes de conduite. A vrai dire, lorsqu'elles rassemblèrent des armées pour propager par la force le message de leurs prophètes et de leurs dieux, ces deux religions découvrirent que la tactique romaine pouvait servir admirablement leurs objectifs, et les actes de leurs légions d'adeptes se hissèrent à un niveau de sauvagerie devant lequel les légions de Rome elles-mêmes auraient peut-être hésité.

Pendant les trois premiers siècles de son existence, le christianisme souligna son aspect pacifique, sinon pacifiste. Appartenant pour la plupart à une minorité opprimée, quoique en expansion, ses fidèles ne pouvaient guère faire autrement. Mais, en 311, l'empereur romain d'Orient Galère comprit que pour faire face aux menaces grandissantes des ennemis extérieurs de l'Empire, il avait besoin de renforcer le soutien des citoyens à l'intérieur. Aussi légitima-t-il la religion chrétienne. Peu après, l'empereur Constantin, sorti vainqueur d'une longue lutte intestine pour le pouvoir, consolida sa position en installant officiellement la capitale de l'Empire à Byzance, loin de la situation qui se détériorait à l'ouest. Déjà quasiment chrétien, Constantin réunit le premier concile des dirigeants de toutes les branches chrétiennes de l'Empire à Nicée, et quand il décida de se faire baptiser sur son lit de mort en 337, il donna sans le savoir le signal d'un déferlement de violence à l'intérieur de l'Empire — où ses trois fils se disputèrent le pouvoir — et à l'extérieur, où les tribus païennes avaient désormais une raison supplémentaire de détester et de craindre Rome.

L'effondrement à l'ouest se produisit un siècle plus tard. Les massacres qui s'ensuivirent furent si sanglants — et frappant le plus souvent des civils, paysans et marchands — que la question de protéger des attaques de bandes de soudards des personnes aussi indispensables au maintien quotidien de l'ordre social prit un caractère urgent. Apprenant le sac de Rome en 410 par Alaric, roi des Goths (dont une bonne partie de l'armée était composée, là encore, de barbares ayant combattu dans les légions romaines), saint Augustin, évêque d'Hippone, résolut d'écrire un traité qui énumérerait les contradictions alarmantes entre la « cité de l'homme » et la « cité de Dieu ». Les réflexions de saint Augustin, qui incluaient la conduite de la guerre internationale, débouchèrent sur l'un des concepts les plus importants de l'histoire de la philosophie militaire, celui de « guerre juste ».

Il semble presque ridicule aujourd'hui que l'un des plus grands philosophes de son temps ait jugé nécessaire de convaincre le monde, même le monde chrétien, que pour être légitime une guerre doit être juste. Il faut cependant garder en mémoire la vérité militaire dominante à cette époque : les guerres *pouvaient* être justes (généralement par coïncidence) mais il n'était en aucun cas *nécessaire* qu'elles le soient. Car qu'entendait-on exactement par « juste », en parlant de guerre ? Les intérêts d'un empire ou d'une nation, voire le caprice d'un monarque (de droit divin ou non) ne constituaient-ils pas une raison suffisamment juste de combattre ? Peut-être l'avaient-ils été par le passé, répondait saint Augustin, mais plus maintenant, compte tenu de l'anarchie violente dans laquelle une grande partie du monde était tombée. « La cité de l'homme est une cité de dispute où les opinions sont divisées par les guerres étrangères et les querelles intérieures, par les exigences de victoire qui se terminent dans la mort ou ne sont que de simples répits avant une autre guerre... Il serait néanmoins faux de nier que les buts de la civilisation humaine sont bons, car c'est l'objectif le plus élevé que l'homme peut atteindre », professait le philosophe. « Le but même de la guerre est la paix, poursuivait-il. Même lorsque les hommes complotent contre la paix, ce n'est que pour bâtir une nouvelle paix plus proches de leurs cœurs. » Et enfin, « lorsque la victoire va au camp dont la cause était plus juste, c'est une raison de se réjouir, et la paix doit être la bienvenue ».

Ainsi le premier critère d'une guerre juste est-il qu'elle apporte la paix au lieu de perpétuer le cycle de pillage et de rapine qui profite à quelques-uns mais détruit la vie de millions d'autres. Quant aux justifications spécifiques de telles guerres, saint Augustin n'en avait qu'une : « Une guerre juste [...] n'est justifiée que par l'injustice de l'agresseur, et cette injustice est nécessairement source de souffrance pour tout homme bon, parce que c'est une injustice humaine. » Et qu'est-ce que l'injustice ? Tout ce qui fait obstacle au commandement de Dieu selon lequel les hommes doivent vivre « en amitié policée », c'est-à-dire tout ce qui ressemblait aux divisions chaotiques et aux bains de sang que saint Augustin voyait partout autour de lui. Par malheur, il devait mourir en 430 sans avoir vu la cité de Dieu sur terre, alors que les Vandales assiégeaient sa ville d'Hippone. Mais la graine intellectuelle qu'il avait plantée — l'idée que les guerres devaient avoir une cause juste, et que les hommes devaient imposer des règles à leur comportement dans les conflits, autant pour des raisons pratiques (préserver une paix profitable, agréable) que pour des raisons idéalistes — se révélerait vivace et germerait dans le monde chrétien pendant les siècles de ténèbres qu'allait connaître l'Europe.

Cette graine donna aussi un sinistre rejeton, car quand saint Augustin réclamait la paix, il parlait de la paix de Dieu. Les violences commises au nom de la foi chrétienne étaient donc implicitement justes, et sa théorie eut pour conséquence involontaire une justification de la guerre sainte menée par des chrétiens contre les mécréants.

Pendant les siècles de régression européenne, la seconde religion internationale la plus puissante au monde se développait dans la péninsule arabique. Elle aussi inculquait à ses adeptes de grandes leçons sur la façon de faire la guerre et de traiter les civils dans les conflits. La difficulté était (et reste) que dès l'origine de leur mouvement, le prophète Mahomet et ses disciples furent contraints de combattre pour leur foi, ainsi que pour obtenir un territoire où vivre et la pratiquer. Ce sens de la convenance circonstancielle donne à leur texte sacré, le Coran, un ton souvent belliciste — nécessaire à l'époque — qui contraste singulièrement avec des appels fervents à la compassion. Par exemple, puisque l'islam partageait de nombreux prophètes et de nombreuses traditions sacrées avec le judaïsme et le christianisme, les fidèles de ces religions devaient bénéficier de la pitié et de la tolérance des musulmans (chaque fois que possible, s'entend). Quant aux païens et aux polythéistes, qualifiés d'idolâtres, l'ordre était simple : « Tuez-les partout où vous les trouverez. » Pourtant le même chapitre, ou *surah*, du livre saint semble nuancer quelque peu ce commandement implacable : « Combattez au nom de Dieu ceux qui vous combattent, mais ne soyez pas les premiers à attaquer. Dieu n'aime pas les agresseurs. »

De nombreux passages du Coran incarnaient deux visions de la guerre et deux attitudes différentes envers la foi et les ennemis de l'islam, contradictions qui devaient causer une immense confusion et, pour de nombreux non musulmans, de grandes souffrances. « Quand donc vous rencontrerez les infidèles sur le champ de bataille, frappez à la tête, et quand vous les aurez réduits à merci, serrez bien les liens des captifs, recommande la 47e sourate. Ensuite accordez-leur la liberté ou exigez une rançon après que la guerre aura déposé son fardeau. » Mais dans d'autres passages le prophète met en garde contre une violence injustifiée ou excessive : « Ne brûlez aucune plante, n'abattez aucun arbre dans le territoire des combattants. » Toutefois, à mesure que se succédaient les siècles de conversion triomphante et d'expansion politique, il devint de plus en plus difficile aux héritiers de Mahomet de distinguer entre défense contre une agression et expansionnisme intéressé, en particulier quand leur empire riche et puissant s'étendit de l'Espagne à l'Asie Mineure. En un sens, les musulmans traversaient leur propre crise sur la nature d'une guerre juste, et ils avaient désespérément besoin d'une réponse claire et aisément accessible.

Comme le christianisme, l'islam n'était pas né dans un vide historique ou culturel. Il avait pris racine dans des régions et des sociétés habituées à de longs siècles de guerre de destruction. Comme ceux de l'Empire romain (qui avait autrefois dominé un grand nombre des mêmes territoires), les conflits tribaux d'Arabie, d'Afrique du Nord et du Moyen-Orient n'étaient ni nobles, ni exempts de terreur et de pillage à l'encontre des civils. Aussi sincères fussent-elles, les exhortations à la pitié du christianisme comme de l'islam s'opposèrent dès l'origine à des pratiques militaires fort anciennes qu'on ne pouvait supprimer avec de bonnes intentions. Même une fois que le christianisme fut devenu la religion officielle de l'Empire romain, par exemple, ainsi que de nombreux Etats et tribus barbares qui le bordaient, les tendances belliqueuses de cet Empire, de ces Etats et de ces tribus ne montrèrent aucun signe d'atténuation. Et la guerre tribale qui avait toujours caractérisé les régions incorporées au monde musulman se transforma simplement en conflits internes incessants entre factions musulmanes rivales : sunnites, chiites, abbassides, omeyyades, fatimides et autres — pour ne rien dire du massacre périodique de païens. Les habitudes de la guerre de destruction avaient la vie dure. Avec le temps, les mondes chrétien et musulman furent tellement ravagés par les conséquences de ces habitudes que leurs dirigeants entreprirent de chercher des moyens sinon de supprimer la guerre, du moins de la réorienter.

Par malheur, ils trouvèrent les uns et les autres la même solution.

Au xe siècle, les peuples d'Europe — et surtout les dignitaires de l'Eglise chrétienne — avaient tout essayé pour amener les soldats de leurs différents royaumes à renoncer à leurs pratiques de violence aveugle. Ils avaient même lancé ce jeu élaboré de relations publiques connu sous le nom de chevalerie dans des contes où les chevaliers apparaissaient en nobles défenseurs, pleins d'abnégation et de respect, des faibles et des opprimés, tableau qui n'aurait pu être davantage contraire à la réalité. Les paysans européens vivaient dans la peur constante de voir des bandes errantes de chevaliers et de soldats — y compris ceux qui étaient au service de leur propre duc ou roi — envahir leur village, piller, violer et tuer jusqu'à satiété.

Vers la fin du siècle, en France, plusieurs hommes d'Eglise, inspirés par les réflexions de saint Augustin dans *La Cité de Dieu*, livrèrent une ébauche de réponse. Les évêques proposèrent aux nobles de rendre la vertu profitable en taxant, ou en punissant d'une autre manière, leurs hommes d'armes se rendant coupables de violences sur les paysans et autres innocents. La recommandation était impraticable — les hommes d'armes étaient souvent plus puissants que les nobles eux-mêmes — mais l'idée que certains membres de la société méritaient d'être libérés des terreurs de la guerre et du pillage donna finalement naissance au mouvement *Pax Dei* (la Paix de Dieu) au sein de l'Eglise. Celui-ci se transforma bientôt en une initiative plus spécifique, *Treuga Dei* (la Trêve de Dieu), décidée à Toulouges en 1027. Selon ses termes, on ne pouvait faire la guerre que du lundi au mercredi (les autres jours de la semaine étant consacrés au Christ) et jamais pendant l'avent, le carême et autres fêtes. Le concile de Narbonne de 1054 déclara qu'un chrétien ne devait jamais tuer un autre chrétien, « car qui tue un chrétien fait à coup sûr couler le sang du Christ ».

L'Eglise fut fière de ces initiatives, et pleine d'espoir quant à leur efficacité. Ses ouailles paysannes partagèrent cet espoir mais, malheureusement, les nobles et les chevaliers d'Europe — peu désireux de céder aux évêques plus de pouvoir temporel qu'ils n'y étaient contraints — n'en tinrent aucun compte. Ils continuèrent à guerroyer, à piller et à incendier comme avant, jusqu'à ce que les dirigeants de l'Eglise finissent par se rendre compte qu'il valait mieux chercher d'autres moyens, moins philosophiques, d'étancher la soif de sang des combattants.

Pendant cette période, une évolution de nature différente, et double, affectait le monde musulman. Malgré le caractère souvent violent de l'expansionnisme musulman, le monde islamique était devenu, au début du IXe siècle, l'unique foyer de vitalité intellectuelle en dehors de la Chine. Faisant preuve d'une remarquable largeur de vue, les érudits musulmans s'échinaient à traduire des ouvrages savants, y compris ceux d'infidèles, tandis que le calife (chef à la fois spirituel et séculier) Al-Mamun transformait Bagdad en capitale intellectuelle, et plus spécifiquement scientifique du monde. Les cités islamiques avaient réalisé en matière de système sanitaire et autres installations publiques — bains, éclairage, jardins — des avancées qui surpassaient celles de Rome à son apogée. Toutefois les violences entre musulmans et les persécutions exercées sur les païens ne cessèrent jamais : le contexte des exhortations de Mahomet à propager la foi par l'épée en cas de besoin fut oublié, et ces exhortations elles-mêmes pieusement conservées. Durant le règne même d'Al-Mamun, un mouvement fondamentaliste violent s'opposa au cosmopolitisme de Bagdad. (Fait qui n'a rien d'étonnant, il devait inspirer au XVIIIe siècle le mouvement wahhabite d'Arabie Saoudite, qui inspira à son tour au XXe siècle le fondamentalisme d'hommes comme Oussama Ben Laden.) Il y avait en outre des affrontements périodiques avec l'Empire byzantin (ou Empire romain d'Orient), ainsi que des troubles qui se prolongèrent jusqu'au siècle suivant. Puis, au milieu du XIe siècle, l'une des plus puissantes communautés musulmanes, les Turcs seldjoukides, déferla vers le sud pour tenter de s'emparer de l'empire divisé des fidèles.

Conquérant la Perse dans les années 1040 et Bagdad en 1055, les Seldjoukides apportaient avec eux une insatiable soif de guerre. Ils mirent fin par la force aux chamailleries de diverses factions de la partie est du monde musulman, mais les sunnites tinrent bon en Egypte, et la guerre se poursuivit, se concentrant sur la Palestine. En fait, malgré les succès remportés à l'est, l'arrivée des Turcs ne fit qu'attiser les violences internes dans une grande partie du reste du monde islamique, violences dont beaucoup considéraient qu'on pouvait faire meilleur usage en les canalisant vers un exutoire. Les Turcs cherchèrent un candidat pouvant servir de cible à une telle agression extérieure et ne tardèrent pas à le trouver en Palestine... mais il ne s'agissait pas de leurs ennemis sunnites.

Pendant des siècles, le Saint Empire romain avait résisté, et les dirigeants du monde musulman avaient respecté une sorte de protectorat officieux sur l'église du Saint-Sépulcre de Jérusalem (tombeau présumé du Christ) ainsi que sur les pèlerins chrétiens qui le visitaient. Dans la première décennie du XIe siècle, le calife fatimide Al-Hakim tenta de détruire cette église, et quelque cinquante ans plus tard, le sultan seldjoukide Alp Arslan décida de mettre officiellement fin à cette restriction de la suprématie musulmane que le protectorat impliquait. L'empereur byzantin réagit en attaquant les forces du sultan, mais il fut mis en déroute et capturé à la bataille de Manzikert en 1071. Son successeur à Constantinople édifia de bric et de broc une défense de ce qui restait de l'Empire une fois que l'armée seldjoukide en eut envahi une grande partie. Il devint évident que l'Empire romain d'Orient n'avait plus d'autre choix que d'appeler à l'aide le pape de Rome, Urbain II.

Or, il se trouva qu'Urbain II, ayant à faire face à des nobles européens qui se moquaient comme d'une guigne de la Trêve de Dieu, avait désespérément besoin d'un tel appel et d'une telle cause. En 1095, quasiment avec un soupir de soulagement, il appela à combattre la menace musulmane en disant des chevaliers : « Que ceux qui ont longtemps été des pillards deviennent les soldats du Christ. Que ceux qui ont longtemps combattu contre leurs frères et leurs parents mènent maintenant un juste combat contre les barbares. »

L'appel à défendre la foi fut lancé chez les musulmans comme chez les chrétiens. Ironie de l'histoire, il fut inspiré dans les deux cas par la nécessité d'amener des guerriers croyants à cesser de s'en prendre aux civils de leurs propres communautés. Ce n'était certes pas la dernière fois qu'une guerre extérieure était utilisée comme moyen de résoudre des problèmes internes. Toutefois le conflit qui s'ensuivit ne devait pas apporter une solution rapide : il évolua en une série de guerres dans lesquelles les violences contre ces mêmes civils atteignirent des sommets que ceux qui l'avaient déclenché n'auraient jamais imaginés. Cela nous fait toucher du doigt une autre vérité constante sur la tactique de la terreur : il ne faut jamais y voir un expédient commode, un instrument politique aisément contrôlable qui disparaîtra après avoir rempli son objectif. Car le feu du terrorisme se nourrit de lui-même ; une fois qu'on l'a allumé, il faut le priver de combustible ou l'éteindre par la force.

Il n'existe pas de preuve plus convaincante de cette leçon que les guerres qu'on appela les « croisades », qui instillèrent un désir de vengeance et de représailles si ardent chez les musulmans comme chez les chrétiens que nous continuons encore aujourd'hui à en voir et à en sentir les effets. (Quand, après l'attaque du 11 septembre 2001 contre les Etats-Unis, le président américain George W. Bush parla inconsidérément de « croisade » contre la terreur, le terme fit retentir les sonnettes d'alarme dans tout le monde islamique, et Bush eut bien du mal à réparer l'offense.) Qui faut-il tenir pour responsable de siècles de guerre de destruction ? La question est presque sans intérêt pratique. Certes, les chrétiens auraient mieux fait de chercher une solution diplomatique au problème du protectorat de Jérusalem, mais en fait, ce ne fut pas la véritable raison pour laquelle des milliers de nobles envahirent le monde musulman avec leurs hommes d'armes. Quant aux forces de l'islam, leurs déclarations passionnées appelant les croyants à repousser et à anéantir les infidèles cachaient souvent un expansionnisme égoïste, un désir d'annexer de nouvelles villes et de nouvelles terres, ainsi que d'imposer une loyauté et une obéissance plus grandes à leurs propres sujets. Cela ne signifie pas qu'il n'y eut pas de part et d'autre des hommes bons et dévots ; cela veut simplement dire que ces hommes n'avaient probablement pas conscience des machinations de leurs dirigeants. Et, lorsqu'ils étaient eux-mêmes dirigeants (comme dans le cas, très notoire, du célèbre guerrier-homme d'Etat Saladin), ils mirent à profit leurs exploits sur le champ de bataille pour consolider leur pouvoir à l'intérieur de leurs frontières.

Ils le firent avec une cruauté constante envers les combattants et les civils. On ne comptait plus les relations faisant état de villes complètement rasées par les chrétiens comme par les musulmans (car lorsque les croisés chrétiens établissaient une tête de pont en terre sainte, les civils qui les accompagnaient la peuplaient), et ces relations décrivaient des méthodes pour infliger la mort et la torture qui défient presque nos imaginations contemporaines pourtant aguerries. Des deux côtés, l'intention était, comme toujours, d'inspirer à l'ennemi une telle terreur qu'il cesserait de soutenir son chef et sa cause. Les résultats furent les mêmes : contre-productifs. La vertu meurtrière des envahisseurs chrétiens provoqua non la soumission des musulmans mais la fureur vengeresse d'une foi qui était née et avait grandi dans les conflits armés, et cette fureur ne fit qu'intensifier la détermination des Occidentaux à rester et à exercer leur propre vengeance. Ainsi, aucun camp ne put crier victoire quand les croisades s'achevèrent enfin. Certes, les musulmans pouvaient prétendre avoir repoussé les envahisseurs, issue à laquelle il fallait s'attendre puisque les chrétiens avaient été les premiers pendant les croisades à pratiquer l'extermination de civils ennemis à une grande échelle. Mais l'islam vengeur n'avait pas plus renforcé ses positions dans le monde que la chrétienté. Pis, les croisades n'apportèrent ni l'unité ni la paix aux uns ou aux autres. Elles contribuèrent en fait à accélérer le processus de fragmentation des deux empires.

Bref, si la tactique de la terreur employée durant les croisades nous enseigne une leçon générale, c'est que la religion institutionnalisée n'offrait aucun espoir au citoyen ordinaire d'échapper aux malheurs de la guerre de destruction. Cette idée joua un rôle substantiel dans l'extinction — on ne saurait parler de résolution — de cette longue suite de conflits. Si le monde musulman enjoignait à ses membres de montrer une foi plus ardente en participant à la poursuite de son expansion sous le règne de leurs nouveaux dirigeants turcs (expansion qui contribuerait fort peu à prévenir d'autres violences entre factions au sein de la communauté islamique), en Occident, l'incapacité de l'Eglise à résoudre, entre autres, la question de la justesse d'une guerre et des personnes qui devaient être protégées de ses effets, incita un grand nombre de sujets à se tourner davantage vers les princes que vers les prêtres pour leur protection. C'est dans cette évolution qu'on peut trouver certaines des premières racines du grand mouvement occidental suivant : le nationalisme.

On peut donc dire que si la boucherie des croisades ne désigna clairement aucun vainqueur, elle fit un perdant manifeste : l'Eglise catholique. Conformément à l'idée selon laquelle ceux qui déclenchent la terreur nuisent finalement surtout à leur propre cause, nous pouvons observer dans les générations qui suivirent la dernière croisade une nette érosion de l'autorité temporelle et spirituelle de l'Eglise dans les domaines de la politique et de la guerre. Les peuples d'Europe se tournèrent de moins en moins vers les clercs pour obtenir des réponses sur les conflits internationaux et la façon de les conduire. Le pouvoir séculier commença à jouer ce rôle, tout comme les chefs séculiers commencèrent à affirmer une autorité politique indépendante et à rejeter la nécessité de l'approbation de Rome. Cette tendance devait se généraliser pendant la Réforme et aboutir à la grande période des monarques de droit divin, tenant leur légitimité (prétendaient-ils) directement de Dieu et non du pape.

Ainsi, alors que des hommes sages et pieux comme saint Thomas d'Aquin avaient revisité, pendant une grande partie du XIIIe siècle, des questions telles que quand et comment un bon chrétien doit faire la guerre (sans parvenir, dans le cas de saint Thomas d'Aquin, à des conclusions très impressionnantes), vers le milieu du XIVe siècle, la tendance à s'en remettre aux souverains pour une protection réelle devint si répandue qu'un différend dynastique et territorial apparemment mineur entre la France et l'Angleterre enflamma un nombre suffisant de partisans et de participants pour déclencher une guerre qui se prolongea pendant la durée absurdement disproportionnée d'un siècle.

Durant cette guerre de Cent Ans, on assista à une évolution réellement inquiétante du comportement à l'égard de la guerre contre les civils, évolution qui devait aggraver dramatiquement le sort d'un vaste éventail de populations.

Il s'avéra en effet que le rôle militaire d'un civil dans une *nation* clairement définie était beaucoup moins ambigu qu'il ne l'avait été à l'époque d'Etats géographiquement instables ou, comme dans le cas du Saint Empire romain, changeant sans cesse de composition ethnique et de dynastie. La montée du nationalisme amena dirigeants et combattants à un accord général : *tout* habitant d'un pays, par le fait même qu'il donne son assentiment à sa nationalité, fait partie d'une manière ou d'une autre de la machine de guerre de cette nation. Le paysan, que l'Eglise avait toujours tenu pour l'exemple même du civil, devenait l'un des principaux piliers de l'effort de guerre : sans son grain, sans les impôts qu'il versait, aucun roi, aucun prince ne pouvait nourrir les chevaux de son armée ni payer sa soldatesque. En fait, l'Eglise elle-même versait un impôt aux dirigeants séculiers, de sorte qu'on pouvait légitimement s'en prendre à ses terres et à ses richesses. Les prêtres et les religieuses furent de plus en plus souvent victimes de pillages et de viols. Toutes les tactiques de terreur pratiquées avant les croisades furent intensifiées, mais avec une terrible nouveauté : les combattants montraient désormais un cynisme effrayant car ils en étaient venus à comprendre que les exactions contre les civils étaient au cœur de toutes les campagnes militaires.

Cette conception rencontra fort peu d'opposition, et les rares résistances n'eurent aucun effet. Fait remarquable, elles émanèrent non des théologiens ni même des monarques mais de quelques chefs militaires clairvoyants. Ces hommes virent qu'une guerre aussi systématique et aussi féroce contre les civils pouvait inspirer aux habitants des villes et des campagnes une hostilité si profonde qu'elle rendrait au conquérant la tâche d'administration future terriblement difficile, voire impossible en cas d'extrêmes violences.

C'est peut-être sir John Fastolf, conseiller du roi d'Angleterre en 1435, qui expliqua le mieux cette conception éminemment singulière. La guerre de Cent Ans prit cette année-là un net tournant en faveur de la France et, selon Falstolf, la faute en incombait aux longs sièges accompagnés de violences des châteaux forts français. Il était opposé à ces sièges non seulement parce qu'ils étaient coûteux et inefficaces mais aussi à cause de la haine extrême suscitée par la tactique consistant à affamer les assiégés et à les bombarder au canon. Falstolf conseilla donc au roi d'abandonner cette pratique et de diviser ses forces en unités plus restreintes, qui se déplaceraient rapidement dans toute la campagne française, « brûlant et détruisant toutes terres sur leur passage, maisons, champs, vignes, et tous arbres qui portent des fruits assurant subsistance, et tuant tout bétail qu'ils ne peuvent emmener ». Il n'y avait là rien de révolutionnaire ; c'est sa recommandation suivante qui était sans précédent chez un militaire. Les combats proprement dits, déclarait-il, doivent se dérouler uniquement « entre hommes de guerre et hommes de guerre », idée jusque-là exprimée avant tout par des clercs idéalistes ou dans les romans de chevalerie. Mais la distinction de Falstolf entre les biens des civils pouvant avoir une valeur militaire et les civils eux-mêmes était empirique : ayant passé des années sur les champs de bataille, il affirmait que la tactique consistant à attaquer toute la population sans discrimination était « cruelle et dure, n'épargnant personne ».

L'implication était claire, et à la suite de l'absurde guerre de Cent Ans, elle gagna des partisans non seulement parmi les militaires mais aussi chez les juristes. On ne remédierait pas aux excès de la guerre par des appels à la religion ou à la morale lancés par des prêtres ; les militaires eux-mêmes devaient trouver des moyens de limiter les excès de leurs hommes en vue de stopper l'érosion de la loyauté des civils. En même temps, les juristes devaient établir des règles de conduite entre nations qui prendraient la place des édits et des mouvements cléricaux rejetés.

L'idée se révéla bien plus importante qu'elle ne le parut à l'époque : enfin, des membres éminents d'une classe d'hommes pouvant réellement changer quelque chose à la situation en temps de guerre — les chefs militaires — commençaient à comprendre que si la tactique de la terreur satisfaisait les exigences vengeresses de leurs princes, de leurs soldats et d'un grand nombre de sujets injustement traités, elle portait préjudice à la cause même de leur nation. En même temps, la vieille perspective du problème définie par des philosophes religieux tels que saint Augustin fut renversée par des juristes en droit séculier qui introduisirent la notion suivante : si la loi de Dieu ne pouvait pas faire grand-chose pour atténuer les horreurs de la guerre, la loi de l'homme y parviendrait peut-être mieux à travers des codes internationaux spécifiques et contraignants.

Pendant les quatre siècles suivants, ce fut parmi les officiers et les experts en droit international que le débat sur la guerre faite aux civils se déroula de manière utile, entre ceux qui estimaient que cette tactique était tout bonnement inévitable, et ceux qui s'y opposaient par un souci éclairé de leur propre intérêt. Quant à l'Eglise, nombre de ses représentants sombraient simplement dans le désespoir. Pis, quand les guerres de Religion éclatèrent, certains rejoignirent les rangs de ceux qui considéraient les civils comme la cible légitime d'opérations de destruction, annihilant ainsi le peu d'autorité que le clergé détenait encore pour parler de ces questions.

Parallèlement, les philosophes humanistes chrétiens qui avaient tenté si opiniâtrement d'établir des règles de la guerre acceptables pour Dieu et la Nature ne tardèrent pas à abandonner eux aussi la lutte. En 1511, avant même que Martin Luther ne cloue ses thèses au portail d'une église de Saxe, Erasme préfigurait leur attitude dans des écrits amers sur la société en général et les clercs bellicistes, exploiteurs en particulier : « En outre, puisque l'Eglise chrétienne a été fondée dans le sang, a grandi et s'est fortifiée dans le sang, ils continuent à gérer ses affaires par l'épée comme si Christ avait péri et ne pouvait plus protéger son peuple à sa manière. La guerre est si monstrueuse qu'elle convient davantage aux bêtes sauvages qu'aux hommes, si folle que les poètes imaginent qu'elle est déclenchée par les Furies, si mortelle qu'elle balaie le monde comme une peste, si injuste que c'est par les plus fieffés bandits qu'elle est le mieux menée, si impie qu'elle est tout à fait étrangère au Christ. » D'humeur moins loquace en une autre occasion, Erasme déclara simplement : « *Dulce bellum inexpertis* », la guerre n'est douce que pour ceux qui ne la connaissent pas. Sur quoi, le débat fut transmis à une nouvelle génération de philosophes, des hommes s'intéressant moins à ce qui plaisait à Dieu qu'à la façon dont les conflits violents entre Etats puissants pouvaient être rationnellement conduits.

3

INGÉNIOSITÉ ET RUSE

Dans de nombreuses études et œuvres contemporaines traitant du terrorisme — des travaux érudits sérieux aux films et aux dramatiques télévisées qui affectent simplement le sérieux —, on affirme que notre problème actuel s'enracine historiquement dans les convictions et la conduite de quelques groupes violemment mystiques dont certains remonteraient au Moyen Age. Dans le cas du terrorisme fondamentaliste islamique, par exemple, le précédent historique avancé est souvent un groupe musulman chiite moyenâgeux, qui naquit en se séparant du mouvement ismaélien puis se scinda de nouveau pour donner une secte connue sous le nom des *hachichiyin*. Les membres de ce groupe ténébreux avaient recours au haschich (comme leur nom l'indique) d'abord pour atteindre un état de transe religieuse, ensuite pour se préparer à la tâche sacrée : l'exécution de chrétiens et de musulmans considérés comme ennemis de leur foi et de leur secte. (Le mot *assassin* vient d'*hachichiyin.*)

Mais chercher les racines du terrorisme en remontant jusqu'à ces groupes marginaux, aussi mortels qu'ils aient été, est à la fois trompeur et dangereux. Née du refus indigné (et à de nombreux égards compréhensible) d'accorder aux terroristes le statut de véritables soldats, cette catégorisation ne sert qu'à égarer l'opinion sur la nature et l'étendue de la menace à laquelle nous sommes aujourd'hui confrontés, car les véritables racines du terrorisme ne sont pas plus exotiques et mystiques qu'obscures. Le terrorisme est l'expression d'un thème constant dans l'histoire militaire — la prise délibérée de populations civiles pour cible afin de miner le soutien qu'elles accordent à la politique de leurs dirigeants — alors que les objectifs des sectes médiévales violentes ne furent jamais aussi cohérents. Les Assassins, par exemple, n'avaient pas pour but d'influencer les opinions politiques des civils mais de tuer leurs chefs politiques et religieux, et ces meurtres étaient rarement suivis, voire jamais, d'une tentative organisée de prise du pouvoir. Quelle que soit notre réticence face à cette idée, ce que nous connaissons aujourd'hui sous le nom de « terrorisme international » s'insère dans une tradition militaire d'une violence extrême. En examinant comment cette tradition a survécu jusqu'au début des Temps modernes, il importe de garder à l'esprit que les hommes responsables de son maintien ne furent ni des fous marginaux ni des mystiques. C'étaient des militaires, des hommes d'Etat, jouissant souvent d'un grand respect, qui n'accomplissaient pas leur tâche dans les recoins obscurs du monde mais dans les allées du pouvoir — tout comme les terroristes actuels ne pourraient survivre s'ils ne bénéficiaient pas de la protection, du financement et du soutien d'Etats souverains.

En identifiant le terrorisme comme partie d'une tradition militaire, nous ne sommes tenus ni d'ennoblir ses agents ni de leur offrir les mêmes droits qu'aux combattants en uniforme selon les diverses conventions de Genève. Mais la première règle du combat contre n'importe quel ennemi, y compris celui dont nous méprisons les méthodes, c'est de le connaître et, sinon de le respecter, de respecter au moins la nature et l'ampleur du danger qu'il représente. Traiter le terroriste moderne autrement que comme un type particulier de militaire ne fait qu'accroître son pouvoir en maintenant sa conduite en dehors du domaine d'une compréhension exacte.

L'un des éléments cruciaux de cette compréhension consiste à saisir comment la pratique de la guerre de destruction s'est maintenue depuis la période médiévale, que peu de gens rechignent à considérer comme violente et barbare, jusqu'au début des Temps modernes, quand les institutions gouvernementales, l'organisation militaire et la société civile prirent des formes que nous pouvons reconnaître comme annonciatrices des nôtres. La triste vérité est que cette transition s'opéra avec une facilité remarquable. De fait, lorsque nous considérons la guerre à la fin du XVe et au début du XVIe siècle, époque où l'on continuait généralement à accepter le massacre de civils comme un instrument politique et psychologique, le seul élément véritablement surprenant et sans précédent, c'est qu'une poignée de militaires et de juristes aient trouvé, d'une manière ou d'une autre, les ressources pour essayer de changer les choses.

Ils eurent cette possibilité, au moins en partie, grâce à la démocratisation notable des conflits internationaux qui résulta des progrès techniques de l'époque, en particulier dans la conception et la fabrication des armes à feu. Le combattant à cheval, autrefois fléau des campagnes et roi du champ de bataille, avait déjà vu sa suprématie menacée par l'apparition, entre autres armes, de l'arc, qui permit des victoires aussi décisives que celle des Anglais à Azincourt en 1415. Peu après, l'introduction de canons rudimentaires commença à accélérer la conduite de la guerre de siège. Mais à la fin du siècle, canons et armes à feu de main, considérablement améliorés, devinrent accessibles non seulement aux princes et aux chevaliers mais aussi aux simples civils constituant les factions politiques et religieuses. Les règles traditionnelles gouvernant la conduite de la guerre furent soudain récrites par des individus qu'on aurait auparavant tenus pour incapables ne serait-ce que de s'essayer à la pratique des armes, des gens à qui — comme aux terroristes d'aujourd'hui — une grande partie du monde, horrifiée, répugnait à accorder le statut de soldat.

En d'autres termes, la guerre apparaissait soudain clairement non comme l'affrontement chevaleresque d'une noble élite au service de Dieu, mais comme le simple instrument d'une politique. A l'évidence, il fallait procéder à des changements si l'on voulait que les chefs d'Etat intègrent cette évolution dans la conduite des relations internationales.

Les premiers dirigeants à comprendre la situation furent italiens. Plusieurs princes à l'esprit pénétrant parvinrent, avec leurs conseillers militaires, à une solution du problème d'une simplicité trompeuse : à nouveau type de guerre, nouveau type de soldat, estimèrent-ils. Mais il n'était pas possible de former des armées et des populations entières à ces nouvelles méthodes assez rapidement pour faire face à la vague de violences causée par l'affaiblissement continu de l'autorité de l'Eglise catholique. Des groupes de condottieres — capitaines mercenaires — constatèrent intelligemment ce vide et se précipitèrent pour le combler en levant des armées indépendantes de soldats de métier qui offraient leurs services aux princes en guerre. Cette pratique connut aussitôt un tel succès que des bandes de condottieres passaient parfois d'un camp à l'autre au cours d'une même année. Ce que ces hommes avaient de plus remarquable, cependant, ce n'était pas leur cupidité mais leur philosophie de la guerre.

Les armées de mercenaires n'avaient pas intérêt à ce que le nombre de victimes soit élevé, ce qui avait caractérisé la guerre médiévale : en plus d'être regrettables, ces pratiques sanglantes coûtaient cher. En outre, les nouveaux progrès de l'artillerie permettaient de raccourcir notablement la durée des sièges puisque les murailles des châteaux forts, conçues pour résister aux projectiles des catapultes et des trébuchets, n'étaient pas assez solides pour un bon canon. Enfin, des soldats à pied munis d'armes à feu même rudimentaires pouvaient prendre l'avantage sur le champ de bataille bien plus rapidement que des hommes armés d'épées ou même d'arcs. Le vrai problème pour les condottieres n'était donc pas de trouver des façons nouvelles et meilleures de tuer, mais de concevoir des méthodes permettant d'exploiter au mieux le potentiel décisif de leurs troupes et de leurs armes en versant le moins de sang possible. Comme l'expliquèrent eux-mêmes deux condottieres renommés, Paolo Vitelli et Prospero Colonna, « on gagne les guerres davantage par l'ingéniosité et la ruse que par l'affrontement réel des armes ».

Ce germe de la guerre moderne consterna beaucoup d'observateurs à l'époque. Répandu par des mercenaires, il semblait dépourvu non seulement de tout sentiment de patriotisme mais aussi des vertus martiales chevaleresques qui avaient été popularisées par des chansons de geste comme *La Chanson de Roland*, et étaient encore célébrées dans des épopées comme *Morte d'Arthur* de Thomas Malory. Par ailleurs, les Italiens de cette époque étaient préoccupés par une conception elle aussi romancée des exploits des légions de la Rome antique sur le champ de bataille. (Bien que les condottieres aient admiré un grand nombre des concepts stratégiques élaborés par des hommes comme Jules César, leurs guerres n'avaient ni l'ampleur ni la sauvagerie des campagnes romaines.) Il n'est pas jusqu'à Nicolas Machiavel, d'ordinaire incisif, qui n'ait succombé à la nostalgie de la violence effroyable de la Rome antique, puisqu'il critique la nouvelle forme de conflit des condottieres en regrettant qu'en une demi-journée de rencontre, « personne n'ait été tué. Il n'y eut que quelques chevaux blessés et quelques prisonniers de part et d'autre. » Ces observateurs ne comprenaient absolument pas l'intérêt de la stratégie et de la tactique des condottieres qui consistait, comme le souligne un des experts de l'époque, sir Charles Oman, « à acculer l'ennemi dans une situation impossible puis à le capturer plutôt que d'en venir à bout par une série de batailles coûteuses ». Les prisonniers pouvaient ensuite être échangés contre des rançons élevées, mais le plus important, c'était que la guerre était désormais conçue comme un exercice dont l'objectif était plutôt la victoire que la destruction, et qui devait être mené par des professionnels contre des professionnels. Il ne fallait pas impliquer délibérément les civils dans le conflit ; en fait, ils n'avaient quasiment rien à y faire.

L'heure des condottieres fut cependant brève. Au début du XVIe siècle, l'Italie comme le reste de l'Europe se trouva plongée dans les guerres de Religion, où les bains de sang non seulement atteignirent le niveau des tueries moyenâgeuses mais le dépassèrent du fait des armes nouvelles dont disposaient toutes les parties. Comme la guerre de Sécession américaine et la Première Guerre mondiale, les guerres de Religion furent particulièrement violentes, en raison d'un mélange mortel de pensée militaire obsolète et de technologie militaire moderne. Pendant la première moitié du siècle, les conflits prirent pour la plupart la forme de guerres civiles, catholiques et protestants se disputant le contrôle de diverses principautés, mais dans la seconde moitié le champ s'élargit. L'Espagne émergea comme la grande puissance catholique, avec l'Angleterre comme contrepoids septentrional, des pays comme la France et les Pays-Bas passant d'un côté à l'autre de la balance quand dirigeants et factions catholiques ou protestants prenaient et perdaient alternativement le pouvoir. Comme dans les croisades, la ferveur religieuse justifiait les actes les plus barbares : tout civil pratiquant une forme de catholicisme ou de protestantisme était considéré comme impliqué dans le conflit, et donc traité comme une cible légitime.

Une fois de plus, ce fut l'Eglise catholique (et les princes catholiques, dont l'allégeance envers Rome se trouva soudain revigorée à la perspective de nouveaux gains politiques et territoriaux) qui tendit les mains la première vers les armes de la terreur. Non seulement les communautés protestantes furent ravagées et leurs habitants massacrés, mais l'Inquisition fut autorisée — encouragée, même — à passer de sa fonction déjà redoutable d'instrument de purification à celle d'organe de persécution et de torture généralisée. Un grand nombre de chefs protestants répliquèrent avec une égale cruauté, mais là encore, ce furent les intérêts de l'Eglise catholique qui, au bout du compte, en pâtirent le plus. Le début des Temps modernes devait voir l'érosion régulière non seulement du pouvoir de Rome mais aussi des empires catholiques, accompagnée d'un renforcement parallèle de leurs rivaux protestants : l'Angleterre et, plus tard, les Pays-Bas.

Ce basculement de l'équilibre du pouvoir en Europe fut déclenché, sinon entièrement causé, par des événements lointains. L'ascension de l'Espagne dans la première moitié du XVIe siècle reposa dans une grande mesure sur l'or et l'argent qu'elle extrayait du Nouveau Monde après la conquête et la décimation des empires indigènes les plus puissants de la région, les Aztèques et les Incas, par des aventuriers sans pitié et cependant très célébrés, Hernán Cortés et Francisco Pizarro. Tandis que le pouvoir et l'arrogance de l'Espagne croissaient, dans la seconde partie du siècle des corsaires (mercenaires marins indépendants) se mirent à lancer des expéditions contre le commerce espagnol avec le Nouveau Monde. Ce furent les assauts de ces corsaires à la solde de l'Angleterre — fermement gouvernée par un monarque protestant, la reine Elisabeth Ire — qui infligèrent à l'Espagne le plus de dommages. Après avoir détourné les cargaisons d'esclaves que les vaisseaux espagnols transportaient d'Afrique en Amérique, les corsaires anglais — en particulier sir Francis Drake — se rendirent bientôt compte que les attaques contre les caravelles chargées de trésors de Sa Majesté catholique le roi Philippe II d'Espagne étaient bien plus populaires en Angleterre (la traite n'ayant jamais bénéficié d'un soutien unanime dans ce pays), bien plus lucratives et (c'était peut-être déterminant pour cet impertinent de Drake) bien plus irritantes pour le roi Philippe. Les « chiens de mer », comme on les surnommait affectueusement en Angleterre, élargirent leur quête de l'or et de l'argent espagnol, avec le soutien généralement discret de la reine Elisabeth. Avant longtemps, ils étendirent leurs opérations aux ports espagnols des Amériques où étaient entreposés les précieux métaux.

Ce comportement relevait incontestablement de la piraterie, pratique présentant de nettes ressemblances avec le terrorisme actuel. Mais il y avait dans la version anglaise de la course quelque chose d'unique, qui trouvait une illustration parfaite dans la personne de Drake. Comme l'écrit le célèbre historien de la piraterie David Cordingly : « Ambitieux et pirate de tempérament,

[Drake] pilla tous les vaisseaux espagnols sur lesquels il put mettre la main et devint un homme riche. Audacieux, déterminé dans l'action, il faisait cependant preuve d'une remarquable sensibilité dans ses rapports avec ses hommes, qui le vénéraient, et avec les ennemis capturés, qui le regardaient avec admiration. » D'origine modeste et, aux yeux de la cour du roi Philippe, tout à fait indigne du nom de soldat étant donné ses manières et sa conduite, Drake avait une sympathie marquée pour l'homme ordinaire pris dans l'étau de la guerre, et il veilla à ce que le pillage de ses hommes se limite aux biens et aux structures directement liées à la machine économique du royaume d'Espagne. Il fit ainsi avancer l'idée que l'action militaire — même quand elle ne jouit pas de la sanction officielle d'un gouvernement — ne fonde pas son succès sur les violences faites aux civils et leur liquidation systématique, et que le pays qui se garde d'une telle tactique peut espérer voir la solidarité de sa population croître en même temps que son prestige international.

Jamais cette idée ne trouva plus claire illustration qu'en 1588, quand un Philippe II furieux expédia sa redoutable armada dans la Manche et y subit une humiliante défaite face à la flotte moins puissante mais aux commandants plus talentueux de la reine Elisabeth, notamment Drake, devenu pour Philippe l'instrument exécré de sa perte. Peu de moments historiques méritèrent autant le nom de « tournant ». Certes, les conflits religieux se poursuivirent soixante années encore en Europe, notamment avec la féroce guerre de Trente Ans, pendant laquelle les massacres de communautés entières furent monnaie courante.

Mais on est en droit d'y voir l'agonie de la folie religieuse qui avait accablé l'Europe depuis les croisades et qui se trouvait maintenant anéantie par la politique du pouvoir séculier. La dernière bataille d'une grande puissance pouvant véritablement se dire catholique eut lieu en 1588. Après quoi, l'Espagne et le Saint Empire romain connurent un long et irréversible déclin, tandis que la grandeur de la France « catholique » ne fut restaurée que lorsque ses gouvernants (y compris ceux qui, comme Richelieu, provenaient du clergé) eurent appris à se préoccuper davantage de politique séculière que de religion.

Quant à l'Angleterre, elle avait commencé à se transformer en un empire moderne qui devait surpasser en taille et en puissance non seulement ses anciens rivaux catholiques mais aussi ses vieux ennemis musulmans. Cette remarquable réussite n'était pas peu due à la volonté des dirigeants anglais d'entamer un long processus par lequel ils traiteraient leur peuple plus équitablement chez eux et exporteraient ces progrès remarquables en matière de gouvernement constitutionnel à l'étranger quand leurs colonies se multiplieraient. Il faut souligner aussi que l'invention de nouvelles techniques industrielles, de nouvelles armes, de nouvelles stratégies et tactiques militaires ne nuisit pas à la croissance de l'empire : l'ingéniosité et la ruse devaient trouver un foyer sans rival dans ce qui allait devenir la Grande-Bretagne, fait qui devait hisser la liste des réussites de cet empire — sur les plans politique, militaire et même moral — bien au-dessus de celle de ses prédécesseurs.

Bien sûr, la Grande-Bretagne ne montra pas au-delà des mers une volonté constante d'être à la hauteur de ces idéaux. A vrai dire, sa conduite fut dans certains cas si contraire aux règles morales élevées qu'elle s'était fixées qu'elle se retrouva aux prises avec une opposition violente qu'elle tenta de réprimer avec certaines des méthodes de guerre de destruction les plus ignobles que le monde ait connues. Cette attitude devait faire se dresser une nouvelle sorte de combattants auxquels les citoyens civilisés de Londres, oubliant des précédents comme les exploits de pirate de sir Francis Drake, refusèrent de donner le titre de *vrais* soldats.

4

LE PACTE SANS L'ÉPÉE

Aux termes des traités de Westphalie, qui marquèrent la fin de la guerre de Trente Ans en 1648, plusieurs provinces européennes changèrent de mains, ce qui bouleversa la hiérarchie du pouvoir continental. Parallèlement, le protestantisme s'imposa comme une réalité établie de la vie en Europe, et la Confédération suisse devint indépendante : pour arriver à ce résultat, quelque huit millions de personnes au moins, dont une majorité de civils, avaient perdu la vie. De nombreuses voix s'élevèrent pour condamner cet accès de démence vaguement organisée une fois qu'il eut pris fin, mais la critique la plus éloquente, et sous bien des aspects la plus essentielle, s'était fait entendre avant même que cette guerre fût à demi terminée. « Je voyais prévaloir à travers le monde chrétien une propension à guerroyer, écrivit en 1625 le juriste hollandais Hugo de Groot (plus connu sous le nom de Grotius), dont même les nations barbares devraient avoir honte, à recourir aux armes pour une raison triviale ou point de raison du tout, et, dès que les armes étaient levées, à perdre toute révérence envers les lois humaines ou divines, exactement comme si un simple édit avait suffi à libérer une folie poussant les hommes à commettre toutes sortes de crimes. » Ce constat figure dans l'introduction du *De jure belli ac pacis*, « Du droit de la guerre et de la paix », une tentative, pleine de sagesse et d'érudition, de mettre en évidence une forme de loi naturelle des nations capable de préserver le monde des comportements barbares observés par Grotius.

Aussi louables fussent-ils, ses efforts étaient voués à l'échec, à l'instar de toutes les tentatives similaires depuis saint Augustin. En effet, en tentant de définir ce qui constituait une guerre juste, Grotius parvenait à des conclusions qui avaient leurs racines chez Augustin : selon la loi naturelle, écrivait-il, les êtres humains et les Etats ont le droit absolu de se défendre. Donc, de même qu'une société d'humains est en droit de punir un de ses membres s'il a commis un crime contre un autre, une nation ou un groupe de nations est en droit de punir un Etat ou un souverain qui en a injustement agressé un autre. Mais même dans une guerre juste, poursuit Grotius, la partie offensée se doit de maintenir sa riposte dans les limites de ce qui est — toujours selon la loi naturelle — humain et responsable ; les lois de la société civile ne disparaissent pas du seul fait qu'un pays décide d'entrer en guerre. Ces lois sont même encore plus importantes en de tels moments pour empêcher que la guerre ne dégénère en chaos. Dans cette optique, Grotius précise que non seulement les civils, mais aussi les prisonniers de guerre doivent être traités décemment ; que la propriété civile doit être protégée, de même que le statut des parties neutres ; que les traités doivent être honorés sur le long terme et pas seulement pour satisfaire à des considérations tactiques ; et, une fois de plus, que les nations ne devraient entreprendre que des guerres justes.

D'autres juristes allaient s'empresser de suivre l'exemple de Grotius en décrivant ce qu'ils estimaient être les mécanismes de régulation essentiels à cette vision neuve du « droit international ». Des commentateurs tels que Samuel Pufendorf recommandèrent toutes sortes de solutions pour faire appliquer ce droit, de l'organisation des congrès européens à l'union de l'Europe, mais, dans le même temps, la continuation des horreurs de la guerre sur le continent semblait se gausser de leurs efforts. Le dilemme était aussi patent à l'époque qu'il l'est de nos jours : les citoyens d'une nation respectent la loi parce qu'il existe une autorité reconnue de tous qui les punira s'ils la transgressent. Mais à quelle autorité internationale concevable une nation peut-elle se soumettre si on lui fait remarquer qu'elle a commis un crime contre une autre ? Et quand bien même un corps diplomatique ou juridique pourrait être établi pour promulguer ce type de jugement, quelle force militaire se chargera ensuite d'appliquer la sentence ? De telles idées, si délicates à mettre en pratique au XXe siècle, apparaissaient presque risibles au XVIIe. L'encre des traités de Westphalie avait à peine séché que les Européens en étaient revenus à la pratique du massacre des populations civiles ennemies, dans l'espoir de modifier l'attitude des rois et des princes à qui la sécurité de ces populations avait, du moins nominalement, été confiée.

Si Grotius et ses successeurs connurent l'échec à court terme, ils réussirent en revanche à attirer l'attention sur le fait que la violence, en Europe, avait atteint un niveau destructeur, voire suicidaire. Le cycle des massacres et des représailles avait des conséquences tellement vastes que la vie quotidienne — et, ce qui était encore plus important aux yeux des détenteurs du pouvoir, le commerce au quotidien — menaçait de devenir une notion impraticable. Même si l'idée de créer des institutions de droit international n'a pas été adoptée sur-le-champ, elle a renforcé la conviction que la conduite des conflits exigeait réforme et régulation. La première manifestation d'un programme plausible de réforme et de régulation apparut à la suite non d'un conflit international, mais d'un conflit civil ; et encore une fois, ce progrès fut accompli en Angleterre.

Pendant la guerre civile à l'issue de laquelle le Parlement anglais en pleine ascension allait juger un roi obtus et néanmoins arrogant pour haute trahison et tyrannie — et le condamner à la décapitation —, plusieurs officiers de l'armée parlementaire affirmèrent leur détermination à limiter les conséquences du conflit sur les civils anglais, ainsi qu'à améliorer l'efficacité de leurs troupes sur le terrain. Ils estimaient à juste titre que ces objectifs étaient corrélés, et si tous deux furent finalement atteints, ce fut non par des exhortations philosophiques ou juridiques, mais grâce à un entraînement et à une discipline militaires spectaculairement accrus. Il n'est guère étonnant que les principaux officiers concernés aient été des puritains ;

ni que le plus brillant d'entre eux, Oliver Cromwell, ait trouvé dans son « armée du nouveau modèle » l'instrument qui allait lui permettre non seulement de remporter la guerre civile, mais aussi d'obtenir que le Parlement — qui après avoir arraché les rênes du pouvoir à la monarchie entreprit sur-le-champ de maltraiter le peuple avec presque autant de cruauté que le défunt Charles Ier — soit dissous par la force. Cromwell devint de ce fait le premier et le seul dictateur militaire d'Angleterre, un événement aussi important pour le monde en général que pour cette nation en particulier. Dans un laps de temps très court — et en adoptant une politique qui, bien que restrictive, était loin d'être aussi impopulaire que l'ont affirmé des générations d'historiens royalistes —, Cromwell restaura d'abord la stabilité intérieure, puis la puissance et le prestige internationaux de l'Angleterre, qui avaient beaucoup pâti sous le règne de Charles Ier et pendant la guerre civile. Lorsque le lord-protecteur (titre officiel de Cromwell) mourut en 1658, l'Angleterre n'avait plus à redouter aucune puissance européenne et menait son expansion coloniale à un rythme égal ou supérieur à celui de ses rivaux continentaux.

Tout cela avait été rendu possible par l'observance d'un principe politique unique et apparemment dénué d'importance : une discipline militaire efficace. Les soldats étaient entraînés à la dure par des officiers inflexibles, sévèrement punis à la moindre infraction et obligés de porter l'uniforme, alors que l'un des problèmes essentiels des conflits des XVIe et XVIIe siècles était la difficulté à distinguer les combattants des civils, ce qui entraînait souvent des pertes inutiles pendant les batailles — et facilitait la désertion des troupes régulières. Le résultat de ces réformes apparemment triviales dépassa largement tout ce que les humanistes et les juristes avaient réussi à obtenir avec leurs discours éloquents en faveur de la protection des civils, et l'on peut retirer de ce constat une leçon simple — leçon qui, bien qu'ignorée avec une remarquable fréquence, reste valable aujourd'hui : une stricte discipline imposée aux soldats, surtout dans leurs relations avec la population civile, peut engendrer une telle stabilité sociale générale que les citoyens en viennent progressivement à soutenir ceux qui ont contribué à l'instaurer afin de pouvoir bénéficier à leur tour de cette stabilité. En d'autres termes, et non sans ironie, le basculement des loyautés politiques recherché par ceux qui terrorisent les civils est en réalité plus vite et plus efficacement atteint si l'on réfrène ce genre de tactique.

La capacité de Cromwell à assimiler cette leçon fut la clé de son succès en Angleterre ; en revanche, il oublia de l'appliquer en Irlande, d'où sa diabolisation. Pendant la guerre civile anglaise, des officiers, des aristocrates et des soldats royalistes en fuite se réfugièrent sur l'île voisine, et Cromwell décida de les y traquer. Suivant le modèle établi par tant d'autres souverains anglais pourtant par ailleurs éclairés depuis le XIIe siècle et Henri II, Cromwell enfreignit tous les préceptes qui avaient si bien réussi chez lui : il combattit avec brutalité non seulement les royalistes, mais aussi leurs sympathisants, parmi lesquels de nombreux civils qui n'avaient pourtant aucun intérêt à la guerre. Ces derniers furent déplacés de force par groupes entiers dans certaines zones de la partie occidentale de l'île, et leurs terres offertes à des vétérans de l'armée parlementaire. Les défenseurs de Cromwell affirment que cette conduite si peu caractéristique fut la conséquence des massacres de soldats et de colons anglais perpétrés par les Irlandais des années plus tôt. Même si c'était vrai, l'incapacité temporaire mais spectaculaire de Cromwell à comprendre qu'on ne doit jamais répondre à la terreur par la terreur constitue un étrange angle mort dans une vision politique d'ensemble par ailleurs remarquable. Ses excès irlandais ne firent que nourrir le cycle infernal attentat-représailles qui allait former le noyau de ce cauchemar qu'est le terrorisme irlandais moderne — et dont nous reparlerons plus loin.

Les leçons fournies par l'expérience de Cromwell en Angleterre sont, comme nous l'avons vu, le fruit d'un conflit civil et non international, et le lord-protecteur les appliqua grâce à des méthodes facilement accessibles à un dictateur. Pourtant, ni la dictature militaire, ni la tyrannie de quelque autre sorte que ce soit n'ont jamais constitué une garantie de succès administratif : l'Histoire regorge de tyrans qui n'ont strictement rien fait pour leur peuple, et Charles Ier en fait partie. Dans la mesure où les guerres civiles sont traditionnellement encore plus amères que les conflits internationaux, il semblait n'y avoir aucune raison pour que les leçons apportées par l'expérience de Cromwell ne puissent être appliquées aux vagues de violence qui continuaient de déferler sur le continent. Mais la vanité, la cruauté et l'entêtement des souverains européens les rendaient presque aussi insensibles aux souffrances de leurs citoyens qu'à celles de l'ennemi, de même qu'aux sombres conséquences politiques de ce cortège de souffrances. On vit bien apparaître pendant la guerre de Trente Ans un courant en faveur de l'organisation d'armées constituées de soldats professionnels et de mercenaires étrangers, et commandées par des généraux dotés de quelque expérience ; et il se peut même que ce courant ait provoqué une amélioration ponctuelle. Mais, d'une manière générale, ces améliorations ne furent pas systématiques — et elles furent même, dans certains cas, involontaires.

Aucun exemple n'illustre aussi bien la persistance de la croyance dans l'efficacité politique de la guerre de destruction en Europe que celui de la France sous Louis XIV. Avant l'accession au trône du célèbre monarque en 1643, sous l'influence de l'hypocrite suprême et du maître de la moralité à géométrie variable que fut le cardinal de Richelieu, la France avait déjà adopté la politique diplomatique (si on peut l'appeler ainsi) de la *raison d'Etat.* Toute alliance, toute guerre, tout changement sur le violent échiquier politique du continent, aussi répugnante fût-elle d'un point de vue moral, était déclarée acceptable dès lors qu'elle servait les intérêts de la France. Quand Louis arriva au pouvoir, on s'attendit d'abord à un répit par rapport au cynisme qui avait jusque-là maintenu la France (et le reste de l'Europe, puisque toutes les autres puissances s'étaient empressées d'adopter la raison d'Etat comme principe diplomatique fondamental) dans un état de guerre permanente. Mais Louis XIV devait se révéler aussi brutal que Richelieu — et encore plus roué. Car si le cardinal n'a jamais réussi à camoufler totalement sa véritable nature sous sa robe ecclésiastique, Louis dissimula plus efficacement sa propre soif de puissance sous le masque et les attributs extrêmement populaires du Roi-Soleil. Excitées et dupées par ses exhortations, des générations entières de Français furent perdues à cause de ses projets grandioses, qui visaient à contrarier systématiquement les rivaux de la France et à faire de celle-ci la superpuissance de l'Europe.

Agissant avec un tel doigté qu'il poussa quasiment toutes les autres puissances européennes à s'allier contre lui, Louis XIV réussit néanmoins, au fil de l'épée, à garantir des frontières défendables et une position prééminente au sein de l'Europe à son pays, qui n'avait pas connu des fortunes guerrières très favorables au siècle précédent. Mais un monarque comme Louis XIV ne pouvait se satisfaire de la réalisation d'un objectif aussi médiocre que la sécurité des frontières. Il ne tarda pas à regarder au-delà, avec le projet de réduire au maximum la force de ses ennemis. Il choisit pour atteindre son but une méthode incluant une contribution spécifique et personnelle à l'art de faire la guerre aux civils, en instaurant — ou plutôt en essayant d'instaurer — un « cordon sanitaire » (un des plus ignobles euphémismes produits par la tactique de la terreur au cours de l'histoire) le long des frontières françaises.

En Rhénanie, en Catalogne, dans le Piémont, les troupes françaises se mirent à brûler des fermes, à tuer et violer des civils, à détruire des cultures et du bétail, et à voler le peu qui restait à voler pour créer autour de la France une bande de terre aussi large que possible qui fût aussi et surtout une zone morte pour les armées hostiles. La justification officielle de cet effort reprenait le type de revendications territoriales ou dynastiques mesquines qui empoisonnaient l'Europe depuis des lustres ; cette stratégie devait déclencher non pas un, mais deux conflits majeurs qui ressemblèrent eux aussi aux affrontements antérieurs par leur violence et par leur durée considérables ; et au bout du compte, la nation qui avait le plus obstinément manifesté sa volonté de faire campagne contre les civils — la France — allait perdre la primauté que son roi avait toute sa vie cherché à atteindre. Les souverains et les citoyens des territoires ravagés par les troupes de Louis XIV ne furent qu'encouragés dans leur détermination à résister par la férocité des troupes françaises ; et, pour finir, Louis XIV, humilié à la bataille de Blenheim en 1704, fut obligé de sauver ce qui pouvait l'être par la diplomatie, rendant a posteriori inutiles la plupart — sinon la totalité — des destructions perpétrées sous son règne.

Le reste du monde, dans le même temps, connaissait une prolifération d'autres formes de la guerre de destruction, dont certaines naquirent en Europe avant d'être exportées outre-mer par les colons et les garnisons qui les accompagnaient, tandis que d'autres s'inspiraient des modes de guerre traditionnels des populations indigènes. Parmi ces formes, on trouve les conquêtes et guerres intestines menées par les grands courants — mamelouks, ottomans et moghols — qui dominaient le monde islamique depuis l'invasion de l'empire musulman par les Mongols au XVIIIe siècle.

Les Mongols mériteraient d'avoir leur place dans toute histoire de la guerre contre les civils, car à coup sûr il y eut peu de peuples aussi incapables de faire la différence entre les combattants et les civils pendant l'engagement militaire, et aussi enthousiastes à infliger un traitement cruel aux individus des deux catégories. Mais, comme cela avait déjà été le cas pour les Huns, ces autres spécialistes du pillage à grande échelle, il est évident que, pour les Mongols, la terreur n'était pas une politique mais tout simplement un mode de vie. Quand les guerriers mongols s'acharnaient sur leurs victimes civiles, ce n'était pas dans l'intention de modifier la loyauté de ces victimes envers leurs dirigeants, c'était uniquement pour assouvir leur passion de la rapine. Donc, si les Mongols sont fascinants et historiquement décisifs sur un certain nombre de plans, leur importance dans ce domaine précis de l'histoire militaire et politique est pratiquement nulle.

Si l'on s'en tient à la façon dont les Mongols ravagèrent des centres intellectuels aussi prestigieux que Bagdad, l'invasion du monde musulman ne semblait pas promise à avoir une quelconque influence sur le développement culturel de cette partie du monde. Pourtant, rapidement, les Mongols se convertirent à l'islam et se mêlèrent aux Turcs. Du coup, leur importance s'accrut spectaculairement. Car les enfants issus de ces unions allaient assumer la direction politique de ce qui demeurait, même fractionné et affaibli, l'un des grands empires du monde. En reconnaissant les réussites intellectuelles et artistiques de leurs prédécesseurs arabes, les tribus turco-mongoles découvrirent aussi que les appels à un prosélytisme violent contenus par le Coran se mariaient joliment à leur penchant originel pour la conquête nomade. L'union de ces deux traditions (le prosélytisme islamique et la tactique turco-mongole de la déprédation) ne tarda pas à engendrer d'importantes altérations sur la carte de trois continents

— ainsi que de sinistres innovations en matière de guerre de destruction.

Vers la fin du XVe siècle, les Ottomans affirmèrent leur prééminence parmi les musulmans en s'étendant au nord-ouest jusqu'aux frontières de la Bulgarie et de la Hongrie. En chemin, ils prirent et pillèrent Constantinople, en partie grâce à l'usage du canon de bronze, nettement plus avancé que tout ce qu'on pouvait trouver en Europe à l'époque. Simultanément, ils dominèrent leurs cousins mamelouks en Egypte et en Palestine, de sorte qu'à la moitié du XVIe siècle, l'Empire ottoman s'étendait de l'Europe centrale à l'Afrique du Nord — tout cela à partir d'une tribu de bergers nomades recrutés par les Arabes et les Seldjoukides au XIIIe siècle pour combattre les envahisseurs mongols. (Les Arabes et les Seldjoukides avaient commis l'erreur de croire qu'on pouvait se débarrasser de ses agents après s'en être servi pour massacrer un ennemi, comme les Romains avaient essayé de le faire avec leurs barbares.) A l'est de l'Empire ottoman, les Moghols (mot arabe dérivé de *Mongol*), autres héritiers des khans, avaient depuis longtemps repoussé vers l'est les frontières du XIVe siècle de l'empire du redoutable Tamerlan, en traversant la Perse et en prenant le contrôle d'abord de l'Afghanistan et de sa capitale, Kaboul, puis d'une somptueuse constellation de principautés, hindoues et autres, au sud-est de l'Inde.

Les historiens de l'art sont souvent condamnés à justifier la violence et l'oppression exercées par les Ottomans et les Moghols en évoquant les sommets culturels auxquels ces deux empires ont accédé ; et, en effet, leurs succès artistiques et intellectuels ne peuvent être niés. Mais ils n'expliquent pas davantage la nature et l'histoire de la guerre contre les civils que la beauté et les fastes de Versailles expliqueront jamais la barbarie de Louis XIV. La nature duelle de l'islam — caractérisé par une tension entre la compassion et la tolérance d'une part, et d'autre part les exhortations à un prosélytisme violent —, qui avait tellement compromis les chances de réussite du monde musulman, demeurait d'actualité sous les Turcs. Le cortège de tortures, de morts lentes et de persécutions infligées par les nouveaux gardiens de l'islam à de nombreux incroyants, ainsi qu'à des musulmans de factions rivales, se répandit et gagna suffisamment en notoriété pour que les deux empires, ottoman et moghol, deviennent régulièrement l'objet de soulèvements et, parfois, de véritables insurrections. La grandeur de leurs succès culturels est certes indéniable ; mais peut-être — la question reste en suspens — aurait-elle été encore plus éclatante si les Ottomans et les Moghols avaient discerné la nature anachronique des passages les plus violents du Coran, ce qui aurait permis de libérer le potentiel créateur de *tous* leurs sujets. A l'instar des Romains, les Ottomans et les Moghols ont régné sur des empires qui ont atteint des sommets vertigineux non pas *grâce à* leur violence, mais *malgré* celle-ci — et leur chute a été précipitée par leur réputation de régimes impitoyables, répressifs, qui a alimenté la soif de changement de nombre de leurs citoyens.

La brutalité autodestructrice n'était pas le strict apanage des grandes puissances chrétiennes et musulmanes du monde, ainsi que les colons européens l'avaient déjà découvert en accostant les rivages du

Nouveau Monde. Peu d'événements ont mieux démontré les effets de la guerre de destruction que l'effondrement aztèque après l'arrivée des Espagnols au Mexique, un siècle plus tôt. Cette civilisation remarquable fut vaincue autant par la défection des tribus indiennes alliées qu'elle maltraitait depuis trop longtemps que par les armes à feu espagnoles et les maladies européennes. Parallèlement aux campagnes espagnoles d'anéantissement en Amérique centrale et en Amérique du Sud, les pionniers anglais et français allaient s'apercevoir que les règles de vie n'étaient pas moins dures en Amérique du Nord.

Souvent dépeintes avec un sentimentalisme certain comme des tribus paisibles qui ignoraient à peu près tout de la cruauté systématique avant l'arrivée des Européens, certaines nations indiennes, comme les Iroquois, et certaines tribus, les Algonquins par exemple, eurent tôt fait de montrer aux arrivants leurs propres techniques de guerre destructive, acquises au fil de générations de combats tribaux. Il est vrai que les Européens recrutèrent des tribus guerrières pour le règlement de leurs conflits coloniaux, dans l'espoir de bouter les colons rivaux hors du continent. Il est vrai aussi que les Européens, lorsqu'ils eurent à affronter les Indiens, n'hésitèrent pas à appliquer leurs propres méthodes, éprouvées depuis longtemps, de massacre des populations civiles. Mais comme on aurait dû le savoir depuis des lustres dans l'Ancien Monde, changer telle ou telle méthode particulière de guerre de destruction n'altérait en rien ses effets. Le plus souvent, la violence sans discrimination des Indiens contre les pionniers blancs aiguillonna ceux-ci, plutôt qu'elle ne les incita au repli. Et, une fois de plus, la tentative de manipulation d'agents capables de semer la terreur conduisit ces agents, une fois qu'ils furent en position de force, à se retourner contre leurs maîtres supposés et à causer d'immenses dommages — comme les administrateurs coloniaux britanniques et français allaient s'en apercevoir au cours des guerres que se livrèrent périodiquement les deux puissances sur la frontière américaine.

Ainsi, vers la fin du XVIIe siècle, la guerre de destruction et la tactique de la terreur avaient atteint une échelle mondiale, et ce par l'intermédiaire d'une grande diversité d'agents : les affaires internationales ne ressemblaient guère aux rêves de Grotius et d'autres juristes. Il semble cependant qu'au moins un éminent philosophe de l'époque ait réussi à mettre le doigt sur le pouls affolé du monde — même si ce philosophe a proposé une analyse de la violence générale tellement froide que nombre de ses pairs (qui, comme d'autres défenseurs de la culture, tendent parfois à fermer les yeux sur la brutalité ou à la justifier quand elle menace d'interférer avec un aspect plus esthétique de l'histoire humaine) l'ont reléguée à l'arrière-plan. Mais, dans la mesure où l'on considère la dissection lucide des caractéristiques d'une époque, associée à de franches prescriptions pour combattre ses maux, comme le critère d'une vraie compréhension philosophique, Thomas Hobbes mérite autant de respect que tout autre penseur du XVIIe siècle.

Vivant en Angleterre pendant la guerre civile, Hobbes avait eu pour intention originelle d'écrire un ouvrage visant à défendre le droit du roi Charles Ier à régner en monarque absolu pour maintenir une société régulée et paisible. Mais Charles s'étant révélé inapte à cette tâche, Hobbes généralisa ses observations pour déclarer que *tout* souverain ou groupe de souverains devait prouver sa légitimité en maintenant efficacement la cohésion sociale et en jugulant les désordres. Très versé dans la psychologie, science émergente à son époque, Hobbes récusait l'idée que les actions d'un homme sont fondamentalement régies par son désir d'éviter la souffrance et d'éprouver du plaisir ; le premier désir de l'homme, selon lui, est la sécurité. Le plaisir peut être sacrifié, et la douleur tolérée, si la sécurité est à la clé. La solution la plus commune pour atteindre la sécurité — pour l'individu moyen comme pour les nations — est la conquête du pouvoir, que Hobbes considère comme une tendance pragmatique plutôt que gratuite.

« Je tiens pour une inclination générale de l'humanité, écrit-il dans *Léviathan*, son œuvre maîtresse, le désir perpétuellement insatisfait du pouvoir, qui ne cesse qu'avec la mort. Et la cause de cela n'est pas toujours qu'un homme espère des délices plus intenses que celles qu'il a déjà atteintes ; ni qu'il refuse de se satisfaire d'un pouvoir plus modeste ; mais il est incapable d'assurer son pouvoir et ses moyens de bien vivre, dont il dispose présentement, sans en acquérir davantage. » Le pouvoir, et donc la sécurité, est un horizon toujours fuyant ; la poursuite de ces objets inaccessibles pousse les hommes vers une folie perpétuelle, à l'image de celle qui consumait le monde au XVIIe siècle. Par conséquent, il est vain d'envisager une organisation de droit international sans discuter d'abord de la force qui pourrait la soutenir — parce qu'il est nécessaire que cette force soit encore plus redoutable que celle de tout élément perturbateur de la stabilité internationale.

« Le pacte sans l'épée, poursuivait Hobbes, n'est qu'un mot, et n'a aucune force pour rassurer un homme. Les maillons des mots sont trop faibles pour enchaîner l'ambition, l'avarice, la colère et autres passions humaines, sans la crainte d'un pouvoir coercitif. » Il n'existe selon lui qu'un seul pouvoir de ce type : l'Etat, ce « Léviathan » arbitraire mais aussi protecteur, qui doit être envisagé comme « un dieu mortel, à qui nous devons, sous le Dieu immortel, notre paix et notre protection ». (Entre autres, la théorie de Hobbes défendait la subordination de l'Eglise à l'Etat en Angleterre, qui avait commencé avec Henri VIII et Elisabeth Ire.) La leçon de Hobbes est éternelle, et ses implications pour notre combat contre le terrorisme aujourd'hui sont cruciales : de même que seule la puissance répressive — « l'épée » — de l'Etat peut empêcher les citoyens de rompre le « pacte » social qui les unit, seules des nations capables de lever des armées bien équipées, efficacement entraînées et par-dessus tout disciplinées — et prêtes à utiliser ces armées pour infliger ce que nous appellerions aujourd'hui une riposte décisive (et pas seulement massive) à des pays en rupture de ban —, offrent un espoir pratique de maintien de l'ordre international.

En analysant la politique, l'histoire et la force militaire sous l'angle de la psychologie, Hobbes a défini une perspective d'étude des affaires humaines largement sous-estimée ou incomprise de son temps, et qui à dire vrai n'a jamais reçu l'éloge universel qu'elle aurait mérité. Au lieu de cela, une place démesurée a été accordée à certains de ses aphorismes les plus sombres, et en particulier à ses commentaires sur le fait que le sentiment d'insécurité de l'homme et la lutte frénétique pour le pouvoir qui en découle ont pour conséquence que la vie de la plupart des gens est « solitaire, pauvre, méchante, brutale et courte ». Mais de telles déclarations sont difficilement compréhensibles hors du contexte des décennies de guerre de destruction que connut Hobbes. Et si ses idées les plus subtiles étaient trop radicales et trop avancées pour être appliquées par le tout-venant des dirigeants politiques du XVIIe siècle, elles devaient faire au moins un disciple, même si ce n'était certes pas celui auquel s'attendait Hobbes : Oliver Cromwell et son armée du nouveau modèle, plutôt que Charles Ier et sa conception puérile de la monarchie divine, confirmèrent la théorie hobbesienne selon laquelle un souverain ou une faction ne peut prétendre à la légitimité qu'en démontrant sa capacité à faire appliquer les lois de son pays et à garantir la sécurité de son peuple. Mais l'expérience de Cromwell ne fut pas vraiment imitée hors d'Angleterre du vivant de Hobbes. Il allait falloir attendre l'aube d'une ère nouvelle et l'arrivée d'une nouvelle moisson de souverains pour que les méthodes brutales et néanmoins efficaces de contrôle de la guerre de destruction soient adoptées en Europe. Et même une fois que la pratique du maintien de la paix et de la sécurité des citoyens ordinaires par l'organisation d'armées professionnelles, désintéressées sur le plan politique et hautement disciplinées, a été largement répandue à travers le continent, il restait à démontrer qu'elle se révélerait efficace contre la violence généralisée qui continuait d'affliger la majeure partie du monde.

5

L'HONNEUR EST SANS EFFET SUR EUX

L'histoire offre peu d'exemples de dirigeants politiques et philosophiques plus enclins à l'autopromotion, ou mieux convaincus de leur importance pour la postérité, que ceux de l'Europe du XVIIIe siècle. Les grands esprits des Lumières étaient persuadés que l'objet de leurs pensées, de leurs écrits ou de leur administration méritait une grande attention, et la conduite de la guerre ne faisait pas exception à la règle ; dans ce domaine, ils accomplirent même particulièrement bien leur tâche, puisque l'Europe du XVIIIe siècle a gardé la réputation d'un lieu et d'un temps où les conflits internationaux étaient régis par un ensemble de règles extraordinairement civilisées — un code de conduite qui devait finir par être connu sous la dénomination de « guerre limitée ». Selon cette doctrine, une guerre ne pouvait être « réussie » (au sens où elle évitait une destruction généralisée et mutuellement dévastatrice) que si elle n'était pas livrée jusqu'à la reddition inconditionnelle et à l'écrasement complet de l'ennemi (comme c'était le cas à l'époque des Romains), mais plutôt jusqu'à la réalisation de buts spécifiques et politiquement limités, et ce par une armée de métier — un principe d'abord adopté par les condottieres italiens. La renaissance et la propagation de cette idée contribuèrent à réduire drastiquement les effets de la guerre sur les civils entre l'époque de Louis XIV et celle de Napoléon ; d'ailleurs, selon l'*Oxford English Dictionary*, il fallut attendre 1766 pour que le mot *« civilian »* fût pour la première fois utilisé en anglais pour désigner les populations civiles, un détail qu'aucune figure des Lumières digne de ce nom n'aurait osé prendre pour une simple coïncidence.

Comme presque toute chose dans l'Europe des Lumières, cette passion pour la guerre limitée se révéla être autant une mode qu'une philosophie constitutivement altruiste. A la différence de la plupart des courants de l'époque, toutefois, celui-ci fut surtout incarné par un personnage dont les succès transcendèrent le simple poids des mots (même s'il fut lui-même un habile manieur de plume). Le roi Frédéric II de Prusse, à qui ses idées et ses exploits allaient valoir le surnom de Frédéric le Grand, monta en 1740 sur le trône d'un royaume créé de bric et de broc un demi-siècle plus tôt par l'association de plusieurs Etats germaniques de second plan. La Prusse était un pays peu sûr, entouré de nations cupides dont les protocoles de cour sophistiqués dissimulaient mal l'appétit de pouvoir et de conquêtes. Mais le contemplatif Frédéric hérita d'une armée forte et compétente organisée par son père, un personnage austère qui aurait sans doute été plus surpris que quiconque s'il avait su que, fort de cet instrument, son fils montrerait l'exemple en menant des campagnes militaires appelées à donner tout son sens au concept de « guerre limitée » en Europe.

Il se peut que la réputation de Frédéric en tant que monarque animé par une profonde compassion envers ses sujets ait été exagérée ; il s'habillait et parlait de façon plus simple que la plupart de ses homologues étrangers, mais il chérissait probablement l'amitié de philosophes comme Voltaire davantage que celle de ses sujets. Son commentaire selon lequel « les gens utiles, durs à la peine, devraient toujours être préservés comme la prunelle de nos yeux, et, en temps de guerre, il ne faut lever des troupes dans son propre pays que quand une cruelle nécessité l'impose » semble frappé au coin du bon sens. Et, même si ce souci de ses sujets a pu être surestimé, Frédéric le Grand n'en disposait pas moins d'une vision plus progressiste que tout autre souverain depuis l'époque d'Oliver Cromwell. Poussant encore plus loin les principes de Cromwell et des condottieres, Frédéric II démontra de manière éclatante qu'il valait mieux livrer une guerre pour atteindre un but politique précis et réaliste, en faisant combattre des soldats dont le comportement retenu limitait les conséquences du conflit sur les civils, ce qui permettait de conserver, voire de conquérir le soutien politique des populations. Il y eut d'autres chefs militaires aussi perspicaces que Frédéric le Grand sur les champs de bataille du XVIIIe siècle, dont quelques-uns avaient eux aussi compris qu'il était indispensable d'éviter de s'aliéner les civils : le maréchal de Saxe, officier mercenaire allemand qui devait sauver la France dans les années 1740, et le général James Wolfe, brillant Anglais qui donna sa vie pour combattre la puissance française en Amérique du Nord pendant la guerre de Sept Ans, en sont deux exemples remarquables. Mais aucun de ces hommes n'était en position d'établir un précédent national comme le pouvait et comme le fit Frédéric II. C'est donc au roi de Prusse que revient l'essentiel du crédit de la réforme de la guerre européenne au XVIIIe siècle.

Il n'est pas inutile de comprendre que le roi prussien ne réussit cette prouesse qu'en montrant autant de mépris à ses troupes que de compassion à ses citoyens. Il faut dire qu'à l'époque, le comportement traditionnellement abject des soldats européens ne laissait guère d'autre choix à un chef militaire désireux d'appliquer les principes de la guerre progressiste. A son arrivée sur le trône, Frédéric fit immédiatement la démonstration de ses conceptions militaires en prenant la province de Silésie à l'Autriche à l'issue d'une campagne qui fut remarquablement rapide, limitée, et respectueuse des populations civiles et de leur patrimoine. Comme Cromwell, Frédéric II s'appuyait avant tout sur la discipline pour asseoir ses succès militaires, et donc sociaux. Ses soldats étaient, en premier lieu, obligés de porter un uniforme encore plus chamarré et reconnaissable que celui des soldats de Cromwell, et s'exposaient à une sévère punition s'ils le retiraient en service. Ainsi accoutrés, ils subissaient la surveillance permanente de leurs supérieurs, et n'étaient autorisés en aucune circonstance à piller. La désertion devint un crime grave : Frédéric savait bien que la plupart des soldats désertaient non parce qu'ils avaient le mal du pays, mais plutôt pour avoir une chance de se servir des armes fournies par le roi pour se livrer au pillage. La règle finit même par devenir si stricte dans l'armée de Frédéric II que, souvent, ses soldats n'étaient même pas autorisés à prendre un bain ou à aller aux latrines sans être accompagnés. « Le moindre relâchement de la discipline, écrivit le roi, songeant aux excès du siècle précédent, conduirait à la barbarie. » Les soldats n'avaient pas changé et ne changeraient sans doute jamais. « Par conséquent (puisque l'honneur est sans effet sur eux), ils doivent craindre leurs officiers plus que n'importe quel péril. » Cette discipline en vint à influer sur la tactique : les soldats de Frédéric II allaient au feu en unités étroitement groupées, leurs supérieurs les voyaient à tout moment, et l'armée prussienne marchait rarement de nuit.

Frédéric compensa ces vues extrêmes par une politique progressiste en matière de solde, de soins médicaux et de cantonnement ; mais ce qui lui assura avant tout la loyauté de ses hommes, malgré la discipline de fer qu'ils devaient supporter, ce fut son aversion pour les batailles coûteuses en vies humaines. « Il convient de remarquer que la plupart des généraux amoureux de la bataille recourent à cet expédient par manque d'autres ressources », devait-il écrire. Etant donné que la Prusse était entourée de pays plus vastes et plus riches — dont chacun, dans le monde instable du XVIIIe siècle, pouvait très vite se transformer en ennemi —, éviter les grandes batailles n'était pas seulement une question d'inclination personnelle : c'était aussi stratégiquement et économiquement prudent.

Frédéric II se débarrassa donc du vieil idéal martial qui consistait à affronter l'ennemi dans le but de le détruire intégralement et mit l'accent sur la nécessité de manœuvrer de façon à placer l'adversaire dans une situation désespérée, sans avoir à l'attaquer de front, le plus souvent grâce à des marches offensives soigneusement orchestrées et visant à créer un effet de surprise maximal.

D'autres puissances européennes s'appliquèrent à reproduire les succès de Frédéric en créant des armées de métier capables de recevoir d'importants contingents de mercenaires. Fortes de l'exemple prussien, ces nations hésitaient désormais à gaspiller des ressources précieuses en se lançant pour la gloire dans des tentatives de résistance vouées à l'échec une fois que la situation avait tourné à leur désavantage. Du même coup, les batailles d'anéantissement se raréfièrent. « Je constate que de petits Etats peuvent tenir tête aux plus grandes monarchies, écrivit Frédéric II, faisant écho aux condottieres, dès lors que ces Etats s'occupent de leurs affaires avec ordre et application. Je trouve que les grands empires regorgent d'abus et de confusions et qu'ils ne se maintiennent que grâce à leurs amples ressources et à la force intrinsèque de leur masse. »

Le ton de ces commentaires semble préfigurer l'attitude que l'on retrouve à notre époque chez divers groupes terroristes (et les gouvernements qui les financent) à l'encontre des Etats-Unis et des autres nations riches de l'Occident. D'ailleurs, la conception de la guerre limitée de Frédéric le Grand, comme aujourd'hui un certain nombre de conceptions terroristes, était considérée à l'époque par de nombreux militaires traditionalistes comme une forme corrompue de la guerre. A leurs yeux, le combat « juste » et « honorable » impliquait des batailles organisées qui débouchaient sur la victoire absolue d'un des camps. Mais cette idée en passe de devenir archaïque était aussi de plus en plus coûteuse et de plus en plus impopulaire auprès des millions de paysans qui fournissaient le gros de la troupe et du soutien matériel aux armées européennes. Le style de guerre de Frédéric, bien qu'utilisé pour atteindre des objectifs que la plupart des paysans ne comprenaient pas et dont ils n'avaient cure, était immensément populaire en raison de ses conséquences limitées sur la société dans son ensemble. De même, le terrorisme international tire une bonne part de sa popularité dans les pays où il naît de sa capacité à exempter la plupart des citoyens d'une participation effective au combat.

Le terrorisme serait-il donc, sur certains plans, une forme de guerre progressiste ? Certains analystes le pensent (ou en tout cas le pensaient avant les attaques du 11 septembre). Et en effet il faut bien reconnaître que, si les terroristes affichent une effroyable incompréhension de la mentalité et des réactions de leurs victimes, ils comprennent fort bien celles de leurs partisans et sont parfaitement capables d'exploiter leur désir naturel d'éviter la participation à un conflit généralisé. Ironiquement, cette compréhension à sens unique des terroristes porte en germe la trahison ultime de leurs partisans : c'est en général sur des cibles aussi faciles à frapper que les simples citoyens, plutôt que sur les terroristes eux-mêmes, soigneusement embusqués, que s'exercent les représailles.

Pour le peuple de Prusse — dont le roi n'avait rien d'un terroriste, lui qui défendait une conception de la guerre limitée moins perverse —, il ne fut jamais question de représailles de ce type : Frédéric gagna à peu près toutes les batailles et toutes les guerres dans lesquelles il s'engagea, et étendit régulièrement la puissance et les frontières de son royaume. A sa mort, en 1786, la Prusse était devenue un acteur essentiel de l'« équilibre européen des pouvoirs » qui était en train d'émerger, tandis que d'autres royaumes, incapables ou non désireux d'appliquer le concept de guerre progressiste, avaient vu leur influence décliner — à l'exemple de l'Autriche —, subi une partition ou disparu corps et biens, comme ce fut le cas de la Pologne. La démonstration était enfin faite sur le plan international de ce que Cromwell avait prouvé au sein des frontières de l'Angleterre : en s'interdisant la guerre de destruction, une nation pouvait faire fructifier ses intérêts presque au-delà de ce qui semblait imaginable, alors que l'adhésion à une tactique de destruction dépassée était la porte ouverte au sabordage national.

Les objectifs politiques de Frédéric II — le renforcement et l'expansion de la Prusse — n'étaient pas plus idéalistes que ceux de tout autre monarque européen. Mais sa politique novatrice eut un effet salutaire sur la santé collective du continent en ce sens qu'elle obligea d'autres puissances à essayer de l'intimider, ne fût-ce que pour contrôler son essor. L'image de la Prusse en tant que pays sauvage et guerrier — une image largement propagée par des nations comme la France, en apparence plus raffinée mais en réalité plus destructrice — était à tout le moins injuste, pour ne pas dire dénuée de fondement. Car c'est en Prusse que naquit véritablement la guerre progressiste ; et c'est la guerre progressiste — limitée, subordonnée à des objectifs politiques spécifiques, peu coûteuse en vies civiles, et fondée sur des mouvements offensifs audacieux plutôt que sur des affrontements de masse — qui offre les meilleurs espoirs pour la conduite de la guerre moderne, et en particulier de la guerre contre le terrorisme.

Les effets de cette nouvelle pensée militaire et sociale ne restèrent pas limités à l'arène politique. Les théories et les actions de Frédéric II eurent une influence profonde sur les efforts continuels déployés par certains juristes pour définir des codes de conduite nouveaux et meilleurs en matière de relations internationales. Et de fait, il serait difficile de ne pas déceler des traces de la philosophie du roi de Prusse dans les travaux du plus grand juriste du XVIIIe siècle (et peut-être de tous les temps), Emmerich de Vattel, qui en 1758 publia *Le Droit des gens*, un ouvrage appelé à avoir une énorme influence.

Fils d'un pasteur suisse, Vattel était, comme Frédéric, un esprit pragmatique, orienté vers l'accomplissement d'un bien plus tangible que ceux auxquels aspirait l'idéalisme de certains de ses contemporains aux ambitions élevées. Rompant non seulement avec des philosophes influents de la guerre et de la paix, comme John Locke, mais aussi avec des penseurs du Moyen Age comme saint Augustin et saint Thomas d'Aquin, Vattel osa avancer une idée choquante : rien ne sert de chercher à déterminer laquelle des causes est, dans une guerre donnée, la plus juste ; chaque partie considère en effet que c'est la sienne, et rien ne pourra lui ôter cette conviction. Le véritable indicateur du bien, selon Vattel, n'est pas le mérite relatif des revendications qui ont mené à la guerre, mais quelque chose de nettement plus simple à évaluer et à juger : le comportement des belligérants pendant les hostilités.

Restait, naturellement, à résoudre le problème de la définition des « moyens légaux » de faire la guerre ; et pourtant, il existait déjà un début de consensus sur le sujet chez les citoyens de l'Europe, de même que, de manière croissante, chez la plupart de ses dirigeants. Pour Vattel, tout dommage infligé sans nécessité à l'ennemi, de même que toute action hostile ne tendant pas à procurer la victoire et à rapprocher le conflit de son terme, est un abus condamné par la loi naturelle. Mais que faire des partisans de la guerre de destruction, qui croyaient que les exactions commises contre les populations civiles et l'usage des tactiques de la terreur tendaient à procurer la victoire ? Reconnaissant la difficulté de cette objection, Vattel s'interroge sur la meilleure façon de déterminer avec précision, dans ces cas particuliers, s'il est vraiment nécessaire de poursuivre les hostilités pour arriver à une heureuse conclusion de la guerre. Et quand bien même ce point pourrait être élucidé, continue Vattel, en rappelant l'éternel dilemme des juristes internationaux, les nations ne se reconnaissent pas de juge commun : chacune émet son propre jugement sur la conduite qu'elle adopte pour remplir ses devoirs. Et si on les autorise une seule fois à s'accuser mutuellement d'excès scandaleux dans la conduite des hostilités, le nombre de plaintes ne fera qu'augmenter, ainsi que l'animosité des parties en conflit. Et, conclut Vattel, « l'épée ne sera jamais rengainée tant qu'une des deux parties n'aura pas été totalement détruite ».

Sans le savoir, ce juriste relativement obscur d'une petite ville de Suisse prédisait le cours que la guerre et ses ramifications juridiques allaient prendre au long des deux cent cinquante années suivantes. Mais proposait-il une solution au dilemme ? La réponse est oui — même si elle ne devait jamais être appliquée avec une vigueur suffisante. Vattel suggérait, pour juger de ce qui était ou non une injustice en temps de guerre, d'interdire toute justification ou considération conjoncturelle : dès lors qu'on avait affaire à une violation des règles internationales de la guerre décidées par un ensemble de nations, les circonstances atténuantes n'étaient pas concevables. Ces règles devaient donc être soigneusement formulées, afin d'être « sûres et simples dans leur application ». Faisant écho à Grotius, Vattel déclarait qu'elles devaient s'appliquer tant à l'agresseur qu'à l'agressé, puisque, une fois encore, les débats visant à déterminer la partie dont la cause était juste n'avaient aucun sens. L'application d'un ensemble de règles mutuellement consenties devait avoir pour effet que la plupart des guerres se termineraient ensuite par un compromis, et Vattel applaudissait ce résultat en déclarant qu'un traité de paix n'était rien d'autre qu'un compromis.

Les suggestions de Vattel ne résolvaient certes pas tous les problèmes — elles laissaient largement la place à toutes sortes d'abus au cas où les nations chargées de redresser des torts définis en commun n'agiraient pas de façon concertée et énergique pour punir les violateurs. Mais l'idée que l'injustice en temps de guerre devait être déterminée par le comportement des parties plutôt que par leurs mérites était profondément nouvelle, et conserve aujourd'hui une résonance importante dans le cadre de notre combat contre le terrorisme. Comme nous l'avons dit plus haut, la lutte contre le terrorisme, tant sur le plan diplomatique que militaire, a engendré la publication de centaines d'ouvrages et d'émissions visant à soupeser le bien-fondé des causes au nom desquelles se battent les nations et les peuples dont les terroristes sont issus. Mais si l'on veut éradiquer le terrorisme, la « loi de Vattel » — certaines attitudes de la part des belligérants sont au-delà de la question de la justice et privent même leur cause de sa légitimité — doit être appliquée. Et si on l'applique, on constate que, de fait, on n'éliminera jamais le terrorisme en tâchant de déterminer la réponse à lui apporter par l'examen des mérites des diverses causes terroristes. Tous les terroristes et tous leurs mécènes doivent être traités uniformément, et avec sévérité, en tant que factions et nations dont l'attitude a anéanti la légitimité à laquelle leur cause aurait pu prétendre — en tant que factions et nations qui, pour faire court, ont déclaré la guerre non pas à un pays ou à une coalition, mais à la civilisation elle-même. (Il en va ainsi de la revendication d'Oussama Ben Laden concernant le retrait des bases américaines de la terre sainte musulmane : elle est peut-être légitime, mais les méthodes employées ne font que saper la légitimité de la cause.)

C'est donc Vattel qui a le plus distinctement exposé les mérites d'une réaction uniforme et vigoureuse à toute attitude inacceptable de la part d'un belligérant en temps de guerre, de même que c'est Frédéric II qui a le plus efficacement démontré la raison pour laquelle une réaction vigoureuse se doit toujours d'être progressiste — c'est-à-dire constamment orientée vers l'offensive et l'effet de surprise, et surtout rompant avec la tradition de vengeance et de violence aveugle de la guerre de destruction. Que ces deux leçons soient vieilles de deux siècles et demi ne devrait pas nous dissuader de les retenir, car le comportement des générations suivantes n'a fait que confirmer leurs mérites. Si nous devions toutefois constater qu'une bonne partie du monde n'a pas souhaité suivre ces avis vénérables, cela n'aurait rien d'autrement surprenant, dans la mesure où les idées de Frédéric le Grand ou de Vattel ont été controversées dès leur époque. Il est vrai que certaines d'entre elles ont eu de l'effet, pour un temps, en Europe, mais l'Europe n'est pas le monde, et au fur et à mesure qu'un nombre sans cesse croissant d'Européens choisissait d'explorer d'autres parties du globe, soit pour négocier, soit pour s'implanter, ils allaient se retrouver au contact quotidien de peuples, de cultures et de situations qui offrirent toutes sortes de mises à l'épreuve de leur capacité d'adhésion aux principes progressifs de Vattel ou de Frédéric le Grand — des mises à l'épreuve qui les poussèrent bien souvent au-delà du point de rupture.

6

PRÊCHER LA HAINE

Au XVIIIe siècle, les Européens ayant quitté leur terre natale furent d'abord confrontés à la guerre illimitée sur mer. La piraterie était une forme de guerre constante depuis qu'il existait des vaisseaux capables d'affronter les océans, mais ce fut l'essor des corsaires du XVIe siècle — avec les succès de leurs assauts sur les galions chargés de trésors et les ports de l'empire espagnol — qui donna naissance au XVIIe siècle à l'« âge d'or de la piraterie ». Etiquette trompeuse, car il n'y avait pas grand-chose dans la piraterie qui eût l'éclat de l'or, sinon les butins que convoitaient ces douteux personnages. Certes, quelques pirates firent preuve d'un caractère et d'un charisme suffisants pour inspirer une légende teintée de sentimentalisme, mais les récits dont ils sont les héros correspondent aussi peu à la réalité historique que les chansons de geste du Moyen Age. Même sir Henry Morgan, qui se constitua un domaine quasi princier en

Jamaïque en mettant régulièrement à sac les grands ports espagnols, n'hésitait pas à autoriser ses hommes à torturer massivement des civils, à tuer, à violer à leur guise, et à détruire les bâtiments et les plantations chaque fois qu'ils le jugeaient bon.

La piraterie de l'« âge d'or » présente à tout le moins une ressemblance de surface avec le terrorisme moderne, notamment dans la diversité de ses déclinaisons : attaques de navires par d'autres navires (ce qui eut pour résultat immédiat de transformer le commerce et les voyages en entreprises à hauts risques) ; enrôlement de force de marins des pays neutres sur les vaisseaux de la marine officielle ; pillage des régions côtières, débouchant parfois — comme ce fut le cas de la ville de Panama, tombée aux mains de Morgan en 1671 — sur l'éradication de populations civiles entières. Cette fructueuse activité ne resta confinée ni à l'empire espagnol, ni même à la gent masculine : la piraterie se propagea peu à peu à toutes les mers du globe, et certaines femmes y jouèrent parfois les premiers rôles. La plus remarquable fut sans doute Mme Cheng, qui, sévissant au début du XIXe siècle dans le sud de la mer de Chine, finit par se retrouver à la tête de milliers de pirates embarqués sur des centaines de navires, c'est-à-dire d'une force navale plus importante que celle que la plupart des pays étaient capables d'affréter, et d'un des plus grands empires flibustiers de tous les temps.

La piraterie, comme tant d'autres incarnations du désir de violence, a toujours été source de fascination et d'inspiration romanesque dans la société occidentale. En réalité, elle était devenue dès la fin du

XVIIe siècle une forme de rapine redoutablement organisée et efficace, menaçant un des rares piliers solides du droit international : la liberté des mers. Les Etats barbaresques d'Afrique du Nord, par exemple — un ensemble de principautés musulmanes vaguement rattachées à l'Empire ottoman — dépendaient entièrement de la piraterie, et vers la fin du XVIIIe siècle, leurs agissements en vinrent plus d'une fois à paralyser littéralement le commerce méditerranéen. Ces entreprises purement commerciales, soutenues par un Etat, ne semblaient ni romanesques ni séduisantes aux voyageurs et aux marchands de l'époque.

On retrouve dans la piraterie un certain nombre de caractéristiques du terrorisme moderne, ce qui permet, dans la mesure où on l'envisage comme une menace organisée sur le plan international, d'y trouver des éléments susceptibles d'éclairer quelque peu notre situation actuelle. Naturellement, dès le XVIIIe siècle, un des éléments-clés du terrorisme — et même son élément-clé — avait disparu de l'univers des pirates : l'objectif politique. La piraterie ne visait plus à altérer le comportement politique des nations en attaquant leurs agents commerciaux et le produit de leurs activités ; elle n'avait plus pour objectif ultime que le vol — un objectif d'ailleurs atteint de plus en plus par le rapt ou l'extorsion de fonds et de moins en moins par l'attaque frontale. Toutefois, la similitude entre la piraterie et le terrorisme, en matière de méthodes et d'effets, est assez forte pour qu'un groupe au moins de dirigeants nationaux — ceux des Etats-Unis dans les premières décennies de la République — ait été amené à une conclusion semblable à celle des dirigeants américains face au terrorisme actuel : à savoir que ce type de criminalité ne peut être éradiqué uniquement par la poursuite, l'arrestation et la condamnation des auteurs des faits. Ce fut particulièrement net dans le cas des pirates barbaresques, qui non seulement bénéficiaient du soutien d'un Etat, mais se confondaient souvent avec les forces armées de ce même Etat. Même un président aux convictions aussi pacifistes que Thomas Jefferson a senti qu'une réaction militaire d'envergure s'imposait. Après l'échec retentissant de l'envoi en 1803 d'un navire de guerre isolé pour tenter de résoudre le problème (le navire s'échoua et son équipage fut pris en otage), une escadre navale placée sous le commandement du commodore Stephen Decatur entra en Méditerranée en 1815, coula des navires barbaresques, tua des officiers et des dignitaires locaux, et réussit à persuader la majorité des Etats pirates qu'il valait mieux laisser les Etats-Unis tranquilles.

Quand ils réussissaient à traverser les mers sans encombre, que ce soit à destination de l'Asie, de l'Afrique ou des Amériques, les Européens du XVIIIe siècle se trouvaient confrontés à un incroyable éventail de sociétés et de cultures, à propos desquelles ils n'avaient qu'une certitude : aucune ne semblait être familière du concept de guerre limitée qui commençait à s'imposer en Europe. Le XVIIIe siècle fut en effet une époque de formidables soulèvements dans presque toutes les régions du globe. Si la plupart de ces troubles étaient indubitablement dus à l'immixtion coloniale et économique européenne, une proportion encore plus importante était le résultat de vieilles rivalités ethniques ou tribales, si tenaces que certaines ont survécu jusqu'à notre époque.

En Inde, par exemple, il est exact que les grandes compagnies commerciales européennes, dans leurs rapports avec les Etats indigènes, ont largement déstabilisé l'activité économique locale en s'assurant la protection de forces armées mercenaires (connues sous le nom de « soldats marchands »). Le problème s'aggrava encore lorsque ces compagnies furent nationalisées et reçurent le soutien direct des armées européennes, comme ce fut notamment le cas de la Compagnie anglaise des Indes orientales. Mais il est tout aussi exact que, si les Etats indiens avaient été capables de faire taire leurs querelles intestines assez longtemps pour organiser un effort concerté de résistance aux Européens, ils auraient pu mobiliser des forces et une compétence militaires suffisantes pour les chasser. L'habileté des Britanniques à exploiter leurs dissensions et à engager les services de certains dirigeants indigènes fut un élément crucial de leur capacité à vaincre les récalcitrants. La manipulation de ces alliés indigènes allait cependant finir par leur poser un problème semblable à celui qu'avaient rencontré les dirigeants romains, puis musulmans, quand ils avaient accueilli des tribus barbares au sein de leurs armées.

La situation d'Etats indiens comme Mysore, la confédération des Marathes et l'Empire moghol déclinant était encore compliquée par les incursions menées à l'ouest par d'autres puissances non occidentales. Les tentatives répétées d'invasion de l'Inde par certains potentats musulmans, via l'Afghanistan, empoisonnèrent la vie des principautés du sous-continent pendant tout le XVIIIe siècle. La plus importante de ces campagnes fut menée par Nader Chah. Originaire d'une tribu turque, il avait gravi tous les échelons du pouvoir jusqu'à prendre les rênes de l'Empire safavide en Perse. Nader s'enfonça en territoire moghol jusqu'à Delhi, qu'il mit à sac, et il aurait sans doute pu aller encore plus loin. Heureusement pour les Indiens, Nader était persuadé que son destin consistait à résoudre le schisme entre sunnites et chiites, qui divisait depuis longtemps l'islam, et il fut assassiné en 1747, comme avant lui tant d'autres musulmans qui avaient tenté de résoudre les conflits internes de leur foi. Mais Ahmed Khan, qui hérita de la partie orientale du royaume de Nader Chah, maintint la pression exercée sur le sud-est de l'Inde à partir de l'Afghanistan et finit par annexer plusieurs provinces indiennes en vainquant en 1761 les Marathes à la bataille de Panipat — un des plus formidables engagements terrestres que le monde ait jamais connus.

Dans toutes ces campagnes, les règles qui caractérisaient la guerre limitée européenne demeurèrent inconnues — car, encore une fois, il s'agissait de luttes entre peuples, tribus et religions, un type de conflit dans lequel non seulement l'armée ennemie, mais aussi la totalité de la population opposante sont considérés comme des cibles légitimes d'attaque militaire. La « conquête » impliquait presque toujours le massacre et la destruction sans retenue — une sinistre préfiguration des postures belliqueuses que l'on retrouve aujourd'hui dans la même région.

Les marchands et missionnaires européens en contact avec la Chine, de leur côté, découvrirent un pays où les armes et les troupes étaient largement de force à défendre et à repousser les frontières de l'empire en limitant les incursions étrangères. Mais la dynastie des Qing — ou mandchoue — n'était pas plus soucieuse d'atténuer les conséquences de la guerre pour les civils que les autres puissances asiatiques de l'époque. En vérité, pour les Mandchous, la brutalité équivalait au contrôle, et ils menaient leurs campagnes militaires avec une férocité égale à celle de n'importe lequel de leurs voisins occidentaux. Ignorant, comme avant eux toutes les autres dynasties impériales chinoises, les admonestations du sage Sun Tzu — selon qui « celui qui maîtrise l'art de la guerre subjugue les forces ennemies sans se lancer dans la bataille, s'empare des cités fortifiées de l'ennemi sans lancer d'attaque, et écrase l'Etat ennemi sans livrer de guerre prolongée » —, les Mandchous et leurs chefs militaires préférèrent s'entêter à croire qu'il suffisait de terroriser leurs sujets pour les rendre obéissants et dociles.

Au début du XVIIIe siècle, les Mandchous avaient tissé un vaste réseau de routes et de communications afin de rendre plus facile la prise de contrôle du Tibet, des dernières places fortes mongoles dans le nord-ouest de l'empire, et de diverses tribus ennemies disséminées le long des frontières. Ces campagnes les occupèrent le plus clair d'un siècle ; quand elles s'achevèrent — et que le problème récurrent de Taiwan eut été réglé par la conquête de l'île en 1683 —, les Mandchous n'avaient aucune raison de se sentir intimidés par les méthodes militaires occidentales — ni par les idées occidentales en matière de stratégie. Leur style de conquête devait néanmoins avoir pour conséquence que leurs nouveaux sujets se soulevèrent périodiquement et que les provinces de l'Ouest, en grande partie musulmanes, ne furent jamais entièrement pacifiées (elles ne le sont d'ailleurs toujours pas aujourd'hui, ce qui explique l'empressement de la Chine à se joindre à la coalition mondiale contre le terrorisme islamiste). Ce constat, aussi troublant fût-il, ne fut malheureusement pas établi par ceux qui occupaient ou servaient le trône du Dragon à Pékin, sinon pour justifier un contrôle encore plus étroit et des mesures militaires encore plus répressives.

L'Empire ottoman, dans le même temps, s'essaya à une réaction répressive similaire contre le nombre sans cesse croissant de sujets rebelles qui apparaissaient au sein de ses frontières, mais avec un sens plus aigu de l'urgence. Menacé non seulement par des dissensions internes, mais aussi par des Etats ennemis qui, tout au long de ses frontières, ne rêvaient que de précipiter sa chute, l'Empire se trouva entraîné dans une spirale descendante qui allait lui valoir au siècle suivant la peu enviable étiquette d'« homme malade de l'Europe ». A l'est, les Ottomans étaient confrontés aux forces de Nader Chah et de ses héritiers ; au sud, des soulèvements à répétition agitaient l'Egypte et les tribus arabes, soulèvements que les représailles brutales organisées par les Ottomans ne firent qu'attiser. (C'est à la suite de cette répression des Ottomans — lesquels étaient perçus par nombre d'Arabes comme des musulmans décadents et laxistes — que le fondamentalisme religieux commença à se propager parmi les tribus arabes. C'est notamment à cette époque qu'on vit apparaître les premiers wahhabites, pères spirituels d'Oussama Ben Laden et consorts.) Mais le principal défi lancé aux souverains ottomans était l'effort obstiné que menaient des puissances européennes aussi diverses que l'Autriche, la Russie, et même la cité-Etat de Venise pour libérer l'Europe chrétienne des « Turcs » (les Ottomans étaient de plus en plus souvent désignés sous ce terme, leurs frères musulmans ne tenant guère à leur être assimilés). Les épisodes les plus effroyables de cette lutte se déroulèrent, comme il fallait s'y attendre, dans les Balkans, et ce ne furent pas toujours les Turcs qui firent preuve de la plus ignoble barbarie.

En 1716, après avoir défait une importante force turque lors d'une bataille qui allait permettre à l'Autriche de conquérir la Hongrie, une armée autrichienne massacra quelque trente mille soldats ottomans : les restrictions de la guerre limitée n'avaient pas encore cours dans ce qui était — et allait d'ailleurs rester — un des Etats les plus répressifs d'Europe. La Russie, à la même époque, conquit d'abord le khanat de Crimée, puis marcha sur Bucarest, ce qui réduisit encore un peu plus les possessions ottomanes en Europe. La plus grande victoire russe fut remportée par le comte Pierre Rumyantsev, un soldat dont la capacité à jouer de l'effet de surprise grâce à des tactiques novatrices — ce qui lui permit de vaincre des forces turques largement supérieures en nombre — n'était pas sans rappeler les exploits de Frédéric le Grand plus au nord. Mais la guerre dans les Balkans, à l'époque déjà, était une affaire douloureuse. En dépit des avantages évidents qu'ils auraient eus à assimiler les leçons de la guerre progressiste suivies par Rumyantsev et quelques autres, les Turcs préférèrent terroriser davantage les habitants des provinces européennes qui restaient sous leur contrôle, et s'adonnèrent à toutes sortes d'atrocités. Ce choix leur valut des représailles de même espèce, ce qui contribua à perpétuer le cycle infernal des massacres-représailles qui a caractérisé l'attitude réciproque des chrétiens et des musulmans dans cette région jusqu'à nos jours.

Quant à l'Afrique, le trait marquant de ses relations avec l'Europe du XVIIIe siècle fut, bien entendu, la traite des Noirs. Certains historiens s'efforcent de dépeindre cette pratique comme le simple fruit de l'exploitation économique d'une race par une autre ; peut-être pour des raisons de correction politique, ils négligent un fait pourtant peu contestable : si les guerres tribales sur le continent africain avaient été moins fréquentes, et si la capture puis la vente des guerriers et des civils de la tribu vaincue n'avaient pas été un de leurs traits constitutifs, la région aurait offert nettement moins de potentialités commerciales aux Occidentaux. Une fois encore, les versions indigènes de la guerre de destruction ouvrirent la porte aux manipulations et aux excès européens. Prétendre que les Africains n'ont aucune responsabilité dans l'esclavage nous empêcherait de comprendre non seulement les réalités politiques et militaires de l'Afrique d'aujourd'hui, mais aussi les conséquences cachées, et néanmoins profondes, de la pratique de ce type d'activité sur les Européens — et notamment sur les soldats européens.

Car ce que les Occidentaux n'ont en général pas réussi à comprendre dès l'origine, c'est qu'afin d'exploiter au mieux, puis de maîtriser, les situations violentes auxquelles ils se trouvaient confrontés à l'étranger, ils avaient intérêt à comprendre la tactique de leurs ennemis et celle des indigènes avec lesquels ils s'alliaient. Lorsqu'ils maîtrisèrent enfin cette redoutable science, les soldats et colons européens eurent tendance à appliquer la même tactique, en justifiant leur attitude par l'ignoble aphorisme selon lequel « il faut se transformer en sauvage pour vaincre les sauvages ». Cet argument, nous l'avons déjà vu, est souvent avancé aujourd'hui encore dans le cadre de la guerre contre le terrorisme ; et il sonne toujours aussi creux qu'il y a deux cent cinquante ans. L'idée qu'on ne peut pas vaincre celui qui adopte la tactique de la terreur sans adopter la même tactique n'a jamais été qu'un prétexte fallacieux derrière lequel se sont abrités toutes sortes d'individus féroces, vengeurs et assoiffés de sang pour satisfaire leur goût de la barbarie. Les conséquences de ce type de honteuse justification se sont toujours révélées désastreuses : dans le cas des Européens du XVIIIe siècle, on assista à la désagrégation de la plupart des principes et des techniques de la guerre progressiste, acquis après de longs siècles de guerre de destruction. A combattre contre ou avec des soldats indigènes qui ignoraient tout de ces notions stratégiques, les Européens retombèrent le plus souvent dans des excès que les préceptes éclairés du XVIIIe siècle n'avaient que temporairement mis sous l'éteignoir. Ce renversement des tendances, bien que rarement évoqué dans les salons des grandes capitales européennes, se révéla être un agent corrupteur qui, une fois introduit, allait faire inexorablement son chemin et provoquer pour finir l'effondrement de toute une série d'avancées conquises de haute lutte.

Ce processus ne fut nulle part mieux illustré qu'en Amérique du Nord. La terreur avait toujours tenu une place de choix dans les tactiques militaires de la plupart des tribus indiennes nord-américaines, et cette pratique n'était sans doute pas gratuite : les tribus nomades sont toujours moins nombreuses que les populations sédentaires, et en atteignant leurs objectifs politiques par la terreur plutôt que par l'affrontement direct, ces tribus nomades perdaient beaucoup moins de guerriers. La violence ritualisée était, en résumé, une façon d'obtenir un impact psychologique maximal (car les déprédations commises par les tribus indiennes étaient atroces) avec un nombre minimal de batailles cataclysmiques. Cette explication échappa totalement, hélas, à la majorité des arrivants européens, qui savaient seulement qu'ils n'avaient pas été témoins de telles horreurs chez eux. Du coup, quand la tactique indienne de la terreur s'abattit sur les colons et sur les marchands blancs, elle n'eut pas l'effet escompté. Profondément traumatisés, les Blancs apprirent vite à égaler ou à surpasser la violence indienne, sans rechercher pour autant un effet psychologique ou exemplaire : la terreur anti-indienne telle qu'elle fut organisée par les Européens en Amérique du Nord eut pour but d'abord le retrait, puis l'extermination des tribus.

La tactique de la terreur joua donc, dès l'origine, un triste rôle dans le développement de la civilisation blanche au Nouveau Monde, ce qui donna naissance à une forme de dualité morale et psychologique qui n'allait que s'accentuer au fil du temps. Entre eux, les

Occidentaux formulèrent des principes admirables pour défendre l'individualisme, les libertés et le gouvernement participatif ; mais dès lors qu'il s'agissait du traitement réservé aux tribus indiennes et aux autres éléments dangereux, intérieurs ou extérieurs, ces principes se vidaient de leur sens et devenaient inapplicables. Loin, très loin des pensées progressistes de Vattel sur le compromis avec l'adversaire, on vit reparaître des idées archaïques sur la défaite absolue de l'ennemi et sa nécessaire éradication.

L'influence corruptrice de cette dualité ne fut qu'aggravée par le fait que, régulièrement, les colons ou les soldats blancs d'Amérique jugeaient nécessaire de s'allier avec telle ou telle tribu indienne pour prendre l'avantage sur leurs concurrents européens. Cette situation atteignit son point culminant lors de la guerre qui commença en Amérique en 1754 et opposa la Grande-Bretagne et ses alliés indigènes à la France et à ses cohortes indiennes encore plus nombreuses. Depuis le début de la colonisation, les Français — qui disposaient de moins de colonies en Amérique que les Anglais et donc d'une capacité réduite à maintenir sur place des troupes régulières nombreuses — s'étaient davantage appuyés sur les tribus locales. Pour plusieurs raisons, cette stratégie joua un rôle significatif dans leur défaite et leur éviction plus ou moins complète du continent. La première, et la plus évidente, c'est que les raids féroces que les Indiens alliés aux Français se sentirent autorisés (et même incités) à mener contre les pionniers britanniques obtinrent l'effet habituel, à savoir qu'au lieu de décourager les colons, ils ne firent qu'accroître leur détermination. D'autre part, les

Indiens avaient tendance à être des alliés capricieux, prêts à déserter au moindre incident ou à la moindre offense — une caractéristique qui, ajoutée à leur inclination pour le massacre des populations civiles, incita certains dirigeants britanniques comme le général Wolfe, un officier à la fois talentueux et doté d'un incontestable sens moral, à les considérer avec méfiance et à limiter au maximum leur déploiement.

Les Français, eux, ne pouvaient s'offrir le luxe d'avoir de tels scrupules : leur cause dépendait de la participation de leurs alliés autochtones et, du coup, même les chefs français qui savaient, ou auraient dû savoir, qu'il valait mieux s'abstenir — et notamment l'homologue de Wolfe au Canada, le marquis de Montcalm — furent contraints de fermer les yeux sur les tueries et les pillages des Indiens. En dernière analyse, le destin nord-américain de la France devait une fois de plus mettre en évidence le fait que plus on utilise la tactique de la terreur, plus on risque d'en pâtir : après la formidable victoire de Wolfe sur Montcalm au Québec en 1759, les Français ne s'impliquèrent plus jamais sérieusement en Amérique (même s'ils n'en partirent complètement qu'en 1803, après la vente de leurs ultimes possessions aux Etats-Unis).

Il ne faudrait cependant pas croire que les forces britanniques n'ont pas été elles aussi profondément modifiées par leurs années de campagne sur la frontière nord-américaine. Même James Wolfe, dont les ordres lors de l'expédition au Québec témoignent à la fois d'une remarquable compréhension des principes de la guerre progressiste et d'une grande sensibilité à la condition des combattants, ne resta pas totalement imperméable aux pratiques auxquelles ses années de service en Amérique l'avaient habitué : s'il mettait l'accent sur la discipline avant tout, s'il interdisait à ses hommes de brûler des églises ou des maisons sans motif et s'il déclarait que « toute violence exercée contre une femme sera punie de mort », Wolfe acceptait néanmoins la pratique du scalp, « quand les ennemis sont des Indiens, ou des Canadiens vêtus à la façon des Indiens ».

De manière prévisible, lorsque la révolution américaine éclata plus d'une décennie après le conflit franco-britannique, la version américaine de la guerre de destruction prit une part prépondérante dans le déroulement des hostilités. Il est vrai que George Washington — qui, comme tant d'autres officiers révolutionnaires, avait servi dans l'armée britannique contre les Français — tenta de toutes ses forces d'imposer une discipline de fer à ses troupes. Washington était même tellement soucieux d'éviter les excès dont il avait été le témoin en combattant les Français sur la frontière qu'il finit par importer des mercenaires — dont le baron Friedrich von Steuben, un vétéran de l'armée de Frédéric le Grand — pour former ses hommes. Les efforts de von Steuben connurent un succès notable parmi les troupes régulières de Washington, mais il était déjà évident que la dualité caractéristique de l'organisation coloniale — des principes élevés d'un côté, et de l'autre une tendance à employer des méthodes brutales, pour ne pas dire barbares, contre les ennemis, militaires ou civils (sans parler des esclaves affranchis et des Indiens qui avaient combattu aux côtés des Britanniques) —

n'avait fait que s'intensifier depuis la défaite des Français.

Tant les rebelles que les loyalistes eurent à souffrir de ce phénomène. Dans l'Etat de New York et, plus tard et encore plus violemment, lors des campagnes du Sud qui devaient culminer avec la bataille de Yorktown, les attaques contre des civils du camp adverse furent perpétrées non seulement par les troupes régulières, mais aussi par des bandes armées qui sillonnaient les campagnes et se servaient souvent de la guerre comme d'un prétexte pour piller, violer et tuer. Comme Nathanael Greene, sans doute l'un des chefs rebelles qui s'efforcèrent le plus de limiter ce genre de débordement, l'écrivait à Alexander Hamilton en Caroline du Sud, en 1781, « rien n'est plus destructeur pour l'intérêt vrai de ce pays que le mode adopté pour sa défense ». Greene allait ensuite développer cette idée dans une lettre adressée à sa femme vers la même époque : « Les souffrances et la détresse des habitants dépassent toute description, et il faut l'imagination la plus vive pour concevoir les cruautés et les dévastations qui règnent. »

Si cet aspect de la révolution américaine a souvent été passé sous silence, c'est pour des raisons évidentes ; et c'est pourtant cet aspect-là qui, si l'on veut saisir les racines non seulement du terrorisme moderne mais aussi de la réaction américaine actuelle, est le plus décisif. Car si les soldats des armées britanniques et américaines avaient été habitués à subir et à commettre toutes sortes d'entorses aux règles de la guerre limitée au XVIIIe siècle pendant leur lutte contre les tribus indiennes et les Français (qui ne furent jamais parmi les plus respectueux de ces règles, même en Europe), observer ce genre de comportement chez des gens qui, jusqu'à une période récente, étaient des camarades et des compatriotes, avait quelque chose de choquant. L'indignation morale n'empêcha cependant jamais l'un ou l'autre camp de répliquer à la terreur par la terreur : une fois encore, l'agression scandaleuse ne menait qu'à des représailles de même nature. Les récits d'atrocités étaient invariablement exagérés des deux côtés, mais le seul fait qu'elles aient été commises nous montre que, dans le domaine de la guerre, l'Amérique du Nord a davantage imprégné les colons et les soldats européens qu'elle n'a été imprégnée par eux. On peut voir l'un des signes les plus clairs de cette réalité dans les appels réitérés des Américains à une reddition inconditionnelle des Britanniques — une idée qui non seulement violait tous les principes du droit international tel qu'il avait été défini par Grotius ou Vattel, mais qui était annonciatrice d'une tradition américaine en matière de conduite des guerres où l'intransigeance et la brutalité allaient avoir la part belle.

La dualité de l'attitude américaine, engendrée par la prétendue nécessité de combattre les sauvages avec des méthodes de sauvages, après avoir caractérisé la guerre des rebelles contre leurs anciens concitoyens et contre une armée naguère amie, influa sur la formation du gouvernement. A dire vrai, on ne saurait trouver meilleure expression de cette dualité que la déclaration d'Indépendance, qui promet tous les bénéfices des Lumières aux colons blancs de sexe masculin mais acquiesce tacitement au maintien de l'esclavage pour les Noirs, de la guerre de destruction contre les

Indiens, et de droits réduits pour les femmes. Tout cela était justifié par le besoin de faire le nécessaire pour établir le nouveau gouvernement et anéantir ses adversaires ; dès l'origine, les Etats-Unis d'Amérique se montraient prêts à composer avec leurs principes fondateurs dans la mesure où il s'agissait de remporter un triomphe inconditionnel sur leurs ennemis extérieurs. Comme nous l'avons vu, ce n'est pas là une conséquence de la seule révolution : la moralité à deux vitesses qui caractérise les affaires américaines est largement antérieure à ce conflit et devait lui survivre longtemps.

En Europe, dans le même temps, la relative amélioration de la santé du continent apportée par les idées qui sous-tendaient la notion de guerre limitée et progressiste ne tarda pas à se trouver menacée par le succès de la cause américaine. La guerre de Sept Ans était au départ un conflit entre la France et l'Angleterre, et l'attitude rétrograde des soldats européens en Amérique du Nord fut reprise en écho sur d'autres théâtres d'opérations de cette même guerre. La défaite de la France attisa un désir populaire de revanche sur l'Angleterre, et ce désir joua un rôle crucial dans la décision française de soutenir les rebelles du Nouveau Monde, une alliance qui, en dernière instance, allait rendre possible la victoire américaine. Des soldats et des marins français combattirent aux côtés de l'armée et de la marine américaines dans plusieurs batailles, et, même s'il est impossible de déterminer à quel point la fréquentation des radicaux américains et de leurs idées exacerba le goût des Français pour les notions de liberté et de réforme gouvernementale (sans aller jusqu'à parler de révolution), il est indéniable que cette expérience eut sur eux un certain effet. C'est peut-être une coïncidence, mais quand la révolution arriva en France, elle prit là aussi la forme d'une exigence inconditionnelle — et se révéla même encore plus radicale que ne l'avait été la guerre américaine pour l'indépendance. La Révolution française allait en effet préparer le terrain pour l'Europe à un avenir de terreur et de conflits bien au-delà de tout ce qui avait été vu sur le continent depuis des générations, non seulement par leur violence illimitée, mais aussi par leur soigneuse conceptualisation. Pour la première fois, un groupe éclairé de combattants européens — les dirigeants de la France révolutionnaire — codifia la tactique de la terreur, au lieu de se borner à l'appliquer.

Une des incarnations les plus précoces de cette évolution — et par certains aspects une des plus manifestes — fut le célèbre Article premier de la loi de levée en masse promulguée par la Convention nationale française en août 1793 pour réagir à l'intervention militaire de puissances étrangères désireuses de restaurer la monarchie :

« Tous les Français sont en réquisition permanente pour le service des armées. Les jeunes gens iront au combat ; les hommes mariés forgeront des armes et transporteront les subsistances ; les femmes feront des tentes, des habits, et serviront dans les hôpitaux ; les enfants mettront le vieux linge en charpie ; les vieillards se feront transporter sur les places publiques pour exciter le courage des guerriers, prêcher la haine des rois et l'unité de la République. La levée sera générale, les citoyens non mariés ou veufs marcheront les premiers. »

Tous les éléments de la société étaient donc censés apporter leur énergie à l'effort militaire national. Du coup, tous devenaient, consciemment ou non, la cible potentielle des représailles ennemies. Comme l'écrivit plus tard l'historien britannique J.F.C. Fuller, « ce fut le cri de naissance de la guerre totale ».

Guerre totale : pour nos oreilles, l'expression semble banale, car l'humanité vit avec ce concept depuis deux cents ans. Et pourtant, la guerre totale ne constituait pas, à l'époque de sa « naissance », un pas vers l'avenir ; c'était plutôt un retour aux guerres illimitées de l'Europe médiévale et du début de l'ère moderne, voire un retour aux méthodes des tribus barbares. Il s'agissait d'un type de guerre sans aucune restriction ni limite, dont les concepts élaborés par des juristes et des militaires éclairés au cours des siècles précédents furent les premières victimes. Trop vite, l'Europe redevint un lieu où plus personne n'était à l'abri d'une agression en temps de guerre. Mais pourquoi ? Qu'est-ce qui avait pu pousser des êtres humains aussi instruits que ceux qui avaient défini les principes de la Révolution française à jeter aux orties ces précieuses avancées durement acquises en matière de stratégie militaire ?

Ce basculement se produisit, tant en 1793 que pour les générations à venir, non pas au nom d'un roi, ni au nom d'une religion, ni même, si l'on y regarde de près, au nom d'un pays. Il se produisit au nom d'une idée. L'idée du moment était la liberté. Par une cruelle ironie de l'histoire, le cri de liberté initial, poussé sous l'effet d'une rage bien légitime face aux excès de l'élite gouvernante française, allait provoquer l'avènement d'une forme de guerre qui devait se révéler la plus destructrice jamais connue. En échange des libertés promises par la Révolution, on exigea de chaque citoyen français qu'il provoque ou qu'il facilite la mort des ennemis de la Révolution et de l'Etat révolutionnaire. Ni les soulèvements anglais ni les rébellions américaines contre l'autorité monarchique n'avaient aussi savamment joué avec le feu populaire. Et les passions partisanes, en France, n'allaient pas tarder à effacer non seulement les idéaux qui avaient inspiré la Révolution, mais aussi toute idée cohérente ou presque.

Le conflit qui résulta de cette situation — tant en France qu'à travers l'Europe — s'anima d'une vie propre et finit par devenir tellement ravageur, tellement implacable, et en fin de compte tellement *total*, que les idées à elles seules n'avaient plus le pouvoir de l'endiguer. En dernière instance, il allait falloir la poigne de fer d'une dictature — vide de toute pensée ou de toute philosophie à l'exception du culte du pouvoir personnel — pour commencer à envisager de maîtriser ce déferlement de violence. Et même une poigne aussi vigoureuse que celle de Napoléon Bonaparte aurait sans doute été incapable de maîtriser complètement ce cataclysme, s'il avait été disposé à oublier son orgueil pour se lancer dans une telle entreprise. Mais Napoléon préféra canaliser la violence à son profit, ce qui eut pour effet principal d'étendre la durée de son déchaînement. Seule la prostration complète de la nation française allait enfin mettre un terme à plus de vingt ans d'une guerre au cours de laquelle les attaques contre la population avaient une fois de plus été considérées comme un des moyens les plus efficaces de modifier la politique des princes et des législateurs.

La guerre totale n'était donc que le triste successeur de la guerre de destruction — rien d'autre, en somme, qu'un nouveau nom de la tactique de la terreur. L'habitude de faire la guerre aux civils à des fins politiques s'était propagée aux Temps modernes, mais sa leçon fondamentale, éprouvée avec une rare violence par le peuple français, restait inchangée : la nation ou la faction qui la première faisait appel à cette tactique était vouée à en subir les conséquences plus que toute autre.

7

LA VIOLENCE POUSSÉE À SES CONFINS EXTRÊMES

Avant même que ses projets mégalomaniaques et quasi apocalyptiques de conquête continentale n'eussent attiré sur la France les foudres d'une bonne part de l'Europe, Napoléon Bonaparte avait démontré au monde que l'énergie dégagée par la Révolution française rendait possible un nouveau style de guerre. Ce ne fut toutefois pas seulement le désir des citoyens français de se battre pour un idéal (un idéal changeant) qui apporta le succès à leurs campagnes nationales entre 1792 et 1815. Un second facteur distingua l'armée française de toutes les autres : la capacité de Napoléon à mettre sous le harnais la ferveur de ses hommes en imposant à son armée « populaire » le type de discipline martiale qui avait si bien fonctionné pour Cromwell et Frédéric le Grand, associée à la volonté des Français de se soumettre à une telle rigueur. Cette discipline accoucha d'une armée nationale gigantesque, intensément réceptive, et capable d'exécuter des ordres de bataille complexes — bref, d'une machine de guerre redoutable et d'un type inconnu à ce jour.

Hors du terrain de manœuvres et du champ de bataille, Napoléon se préoccupait en revanche beaucoup moins de discipliner ses soldats : son armée comptait essentiellement sur le pillage pour assurer son autonomie de mouvement en campagne, et l'Empereur se montra généralement indifférent aux souffrances que sa politique infligeait aux civils européens. Les apologistes et dévots de Napoléon expliquent souvent la haine que l'Empereur suscita sur le reste du continent comme le fruit de la peur des régimes réactionnaires européens, confrontés au dynamisme des nouveaux principes de guerre et de gouvernement qu'il incarnait. Mais cette haine ne resta pas l'apanage des aristocrates : la façon qu'eut Napoléon de subordonner toutes les autres activités humaines aux besoins de son armée eut des conséquences équivalentes à celles d'une attaque délibérée des populations civiles. Nombreux furent les Prussiens, les Autrichiens, les Italiens, les Espagnols et les Russes à estimer qu'ils avaient de profondes raisons personnelles de vouloir envahir la France pour se venger d'une nation qui avait permis à un personnage doté d'un orgueil aussi démesurément destructeur de s'attaquer au monde.

Certains peuples soumis par Napoléon furent incapables d'attendre le début de l'invasion finale de la France pour riposter. En Calabre, au Tyrol, et surtout au Portugal et en Espagne, des mouvements de résistance significatifs apparurent, opérant pour la plupart dans l'ombre contre les officiers et les soldats des forces d'occupation françaises. Ces mouvements, qui visaient moins à promouvoir une cause ou un régime de substitution qu'à réagir à la présence française, se battirent avec une détermination farouche. L'intensité de ces engagements à petite échelle était telle qu'on finit par les qualifier de « guérillas », de l'espagnol *guerrilla*, « petite guerre ». Les rebelles qui menaient ce type de campagne reprirent ce nom à leur compte, et une nouvelle forme de guerre, appelée à avoir un énorme impact sur les civils, se trouva ainsi institutionnalisée.

Nombre d'analystes assimilent les guérilleros aux terroristes modernes, non sans raison. Les guérilleros ont toujours eu tendance à se cacher parmi les populations civiles et à rechercher leur soutien — comme les terroristes. De même, la riposte exercée par les troupes conventionnelles frappées par les guérilleros touche les civils autant, voire plus, que les guérilleros eux-mêmes. Mais c'est précisément cette différence de cible qui distingue en général les guérilleros des terroristes. Les plus grands maîtres de la guérilla, sentant la nécessité de s'assurer le soutien de la population civile (une nécessité qui devait être codifiée par Mao Tsé-toung dans ses célèbres « Trois règles et huit remarques »), ont toujours recommandé de faire le maximum pour limiter les pertes parmi les civils. Cette stratégie d'ensemble obtient presque autant de succès que le terrorisme obtient d'échecs : non seulement les civils apprécient la considération inhabituelle que leur offrent les guérilleros les plus compétents, mais ils n'en admirent que davantage l'audace que déploient ces unités non conventionnelles pour attaquer les troupes régulières. Pour les terroristes, en revanche, les civils *sont* la cible : le but du terrorisme est de répandre la peur au sein de la population ennemie, et ses agents manifestent une indifférence remarquable envers les possibilités de représailles contre la population dont ils émanent eux-mêmes, en faisant le calcul cynique que ces représailles, alimentant un désir de vengeance, leur permettront d'obtenir un soutien accru de l'opinion.

Les similitudes entre la guérilla et le terrorisme ne peuvent donc être considérées, en dernière analyse, comme aussi fortes que leurs différences. Bien plus significative, en revanche, est la similitude de réaction que ces deux modes de lutte inspirent à leurs adversaires. Nous avons vu que l'emploi des tactiques de la terreur déclenche souvent des ripostes qui elles-mêmes sont des actes terroristes, en ce sens qu'elles visent le plus souvent des populations civiles. En tentant de réagir aux opérations de guérilla, les forces armées commettent souvent des actions de même type : la stratégie habituelle de riposte aux guérilleros consiste à les priver de la couverture offerte par leurs présumés complices civils grâce à l'emploi d'une brutalité sans discrimination. De l'ère napoléonienne à nos jours, la torture et l'assassinat de civils soupçonnés de protéger les guérilleros se sont affirmés comme les moyens les plus courants, et cependant les moins efficaces, de mettre fin à leurs agissements. Le plus souvent, ces méthodes ne font qu'augmenter le soutien populaire dont jouissent les forces non conventionnelles.

Ce modèle de violence mal dirigée risque trop souvent de devenir cyclique : les guérilleros qui ont subi des pertes et des revers, animés par le désir de vengeance, changent épisodiquement de tactique et en viennent à lancer des attaques violentes contre des civils, en une tentative désespérée d'obtenir leur soutien par la force et de prendre le contrôle de la situation. Dans ces phases-là, leur efficacité s'effrite à grande vitesse ; et ils quittent de facto la catégorie des guérilleros pour devenir des terroristes — avec à la clé les maigres récompenses et les lourdes punitions que la tactique de la terreur a toujours values à ceux qui l'employaient. L'histoire regorge d'exemples de cette transformation (la dérive de l'IRA, l'Armée républicaine irlandaise, en est peut-être un des plus dévastateurs), et le présent nous en fournit encore : le changement d'activités et de cibles opéré par diverses organisations de guérilla et de narcoguérilla d'Amérique du Sud ; l'activité terroriste croissante des partisans tchétchènes ; et surtout le changement de tactique des Palestiniens participant au mouvement de l'Intifada, qui ont cessé d'attaquer des soldats israéliens pour s'en prendre à des civils israéliens. Tous ces cas, et bien d'autres encore, ne font que confirmer l'hypothèse selon laquelle la meilleure façon pour les guérilleros de perdre le soutien dont ils jouissaient tant chez eux qu'à l'extérieur consiste à prendre la décision, apparemment bien commode mais en définitive catastrophique pour la défense de leur cause, de franchir la ligne ténue mais périlleuse qui sépare la guérilla du terrorisme.

La résistance aux troupes de Napoléon en Espagne et au Portugal joua un rôle de soutien important dans la victoire des forces militaires conventionnelles qui allaient ensuite être lancées sous le commandement britannique du duc de Wellington à l'attaque de la péninsule Ibérique — une campagne qui devait avoir une importance cruciale pour la défaite finale de la France bonapartiste. Ce résultat, nettement plus spectaculaire que tout ce qui aurait pu être obtenu par une guerre délibérément dirigée contre les civils, illustre clairement les différences de méthode et de bénéfice potentiel entre la guérilla et le terrorisme. La défaite finale de Napoléon à Waterloo en 1815 puis son exil ne devaient cependant pas suffire à empêcher l'essor d'un étrange culte de la personnalité consacré à l'Empereur déchu. Beaucoup d'adeptes de ce culte étaient originaires non de France, mais de pays jusque-là hostiles aux Français ; certains d'entre eux provenaient même directement des armées ennemies. Nombre de soldats avaient gardé une fascination puissante pour l'homme qu'ils voyaient comme le représentant le plus accompli de leur profession depuis Jules César. Mais, à la différence de César, Napoléon ne brilla ni par la narration de ses propres exploits, ni par le commentaire de ses idées politiques. Cette lacune allait être comblée par un jeune officier furieusement romantique, peu en vue mais animé par une curiosité et un talent littéraire considérables — un officier qui, ironiquement, avait passé l'essentiel de sa carrière dans l'armée prussienne.

Carl von Clausewitz, loin de n'être qu'un admirateur de Napoléon parmi d'autres, reprit à son compte les idées de l'ex-Empereur sur la guerre totale et y greffa ses propres variations, ce qui lui permit d'édicter un ensemble de principes qu'il devait systématiser sous le terme de « guerre absolue ». Ayant affronté les Français d'abord en tant qu'officier d'état-major prussien puis, après la défaite de la Prusse, en tant que volontaire dans l'armée du tsar, Clausewitz tenait non seulement à vaincre les Français, mais aussi à faire en sorte que son pays apprenne à se battre avec des méthodes encore plus napoléoniennes que celles de Napoléon. En bon intellectuel, Clausewitz décida que la meilleure façon pour lui d'atteindre cet objectif était de coucher par écrit ses réflexions sur les campagnes de l'empereur français et sur les conflits organisés en général. Ainsi naquit l'ouvrage le plus célèbre et le plus influent jamais écrit sur la nature et les usages de la violence militaire, *De la guerre.*

Ce livre n'était prussien ni dans son esprit ni dans son contenu : on ne trouve en effet rien de limité, et pas grand-chose de progressiste, dans la conception clausewitzienne de la guerre. La façon dont Clausewitz met l'accent sur la victoire absolue, qui doit être atteinte par la destruction physique des forces armées de l'ennemi grâce à des batailles d'anéantissement, aurait plu non seulement à Napoléon, mais aussi à Machiavel et aux généraux de la Rome ancienne ; en revanche, elle aurait horrifié Frédéric le Grand. Partant du postulat mille fois cité que « la guerre n'est que la continuation de la politique d'un Etat par d'autres moyens », Clausewitz soutient que la guerre est « un acte de violence visant à contraindre notre adversaire à accomplir notre volonté » — une définition ambiguë, c'est le moins qu'on puisse dire, et aux redoutables implications potentielles. « La guerre est un acte de violence poussé à ses confins extrêmes », continue-t-il, sans jamais reconnaître que cette définition est susceptible d'être utilisée comme justification de n'importe quel excès en temps de conflit. Faisant spécifiquement écho à Machiavel, Clausewitz ajoute que « nous n'aimons guère entendre parler de généraux victorieux qui n'ont pas répandu le sang ». Etant donné l'essence même du conflit armé, selon lui rien ne sert de vouloir l'atténuer en invoquant quelque « principe de modération » que ce soit. Il trouve peu d'intérêt au concept de guerre limitée développé au XVIIIe siècle : Clausewitz est un enfant passionné du romantisme, pas des Lumières, et, avec un mépris des demi-mesures typiquement romantique, il écrit que « la destruction des forces armées ennemies apparaît [...] toujours comme le moyen suprême, le plus efficace, auquel tous les autres doivent céder la place ».

Ces thèmes allaient être repris en écho pendant un siècle et demi pour justifier toutes sortes d'exactions guerrières. Invoquer Clausewitz devint, pour nombre de soldats, l'équivalent d'une citation de la Bible, et ses déclarations furent généralement prises au pied de la lettre. *De la guerre*, comme la Bible, était pourtant le fruit d'un contexte historique qui en rendait l'interprétation littérale hasardeuse. Clausewitz avait pris la plume dans le sillage direct du cataclysme napoléonien, et son œuvre se fondait sur le postulat qu'aucune guerre ne serait plus jamais livrée d'une autre façon. Naturellement, c'était faux : le fait que Napoléon eût réussi à subordonner tous les autres intérêts de la nation et du peuple français — de même que ceux des nations et des peuples qu'il dominait — à la poursuite de la guerre ne signifiait en rien que tous les autres dirigeants nationaux allaient réussir à faire de même dans l'avenir. Mais la fascination de Clausewitz pour l'empereur français — qu'il appelait « le Dieu de la Guerre » — était si totale qu'elle le rendait aveugle à toute autre possibilité. Ses phrases, souvent tournées avec élégance, étaient vibrantes de conviction ; et elles devinrent le point de ralliement de tous ceux qui croyaient que la « guerre absolue » allait devenir la norme. Affirmer autre chose, prétendaient les partisans de Clausewitz, revenait à nier la nature essentiellement destructrice de la guerre. Dans leur esprit, il était vain de broder de belles phrases sur quelque chose qui n'avait rien de beau.

Et cependant, comme l'a écrit J.F.C. Fuller, la vision clausewitzienne de la guerre était fatalement brouillée, comme celle de Napoléon, par une passion dévorante pour la guerre elle-même. Le jeune Prussien, remarque judicieusement Fuller, « n'a jamais saisi que la vraie fin de la guerre était non la victoire, mais la paix ». De surcroît, il est au moins un aspect essentiel de la guerre que Clausewitz, même s'il ne pouvait l'ignorer tout à fait, fit de son mieux pour laisser à l'écart. La guerre avait selon lui trois buts spécifiques : a) conquérir et (non *ou*) détruire la force armée ennemie ; b) s'emparer des éléments matériels d'agression (de l'ennemi) [...] ; c) gagner l'opinion publique. Les deux premiers buts s'adaptent assez facilement aux théories de Clausewitz ; pour le troisième, c'est une autre paire de manches. La destruction complète des armées et la saisie des infrastructures qui les soutiennent ne tendent pas, surtout dans le monde moderne, à susciter le soutien des populations. L'œuvre de Clausewitz dans son ensemble pouvant être lue comme un appel à un type de guerre suffisamment illimité pour englober des attaques délibérées contre tous les « éléments » d'une nation, humains ou matériels, qui permettent à l'armée de cette nation de rester active, comment pouvait-il sérieusement suggérer qu'un tel programme permettrait finalement à la puissance victorieuse de « gagner l'opinion publique » ennemie ? Y a-t-il un moyen d'associer la conquête guerrière à la conquête du cœur et de l'esprit de l'ennemi ?

Clausewitz déclare que ce moyen existe mais, en l'évoquant, il ne fait que révéler davantage le jeu de projection psychologique dont il est lui-même l'objet. L'opinion publique ne sera conquise, écrit-il, qu'au travers de « grandes victoires » et de la « possession de la capitale ennemie ». En d'autres termes, le monde est peuplé de gens comme lui — tellement fascinés et éblouis (ou à tout le moins démoralisés) par les exploits militaires d'un grand officier, même s'il est l'ennemi, qu'ils en viendront tôt ou tard à saluer la conquête. Le fait que l'histoire n'offre que peu d'exemples (pour ne pas dire aucun) susceptibles d'étayer cette conclusion — et aussi le fait que Clausewitz lui-même ait combattu l'objet de sa brûlante admiration jusqu'à la défaite définitive de celui-ci — n'est pas mentionné. La destruction, la possession, la conquête, la grandeur : voilà ce qui doit soumettre les populations ennemies.

Nous ne saurons jamais combien de bains de sang gratuits auraient pu être évités si l'exercice intellectuel brillant — mais aussi névrotique et dévastateur — qu'est *De la guerre* avait sombré dans l'oubli sans faire de bruit. Hélas, ce livre fut repris en écho par des générations de soldats et de théoriciens avides de justifier la guerre illimitée, et allait servir à alimenter, sous une forme partiellement ou totalement prémâchée, les élèves d'innombrables écoles militaires tout autour du monde, et ce alors même que les principes qu'il défendait avaient été réfutés relativement peu après sa parution par un autre officier de l'armée prussienne : Helmuth von Moltke, inventeur du système d'état-major moderne et architecte de trois guerres (contre le Danemark en 1864, l'Autriche en 1866, et la France en 1870-71) qui allaient transformer la Prusse en l'Allemagne moderne. Humaniste libéral discret, auteur de romans et traducteur de l'historien britannique Gibbon, Moltke acceptait la maxime de Clausewitz selon laquelle la guerre était un outil politique, mais réfutait fermement l'idée qu'elle devait être universellement destructrice dans ses méthodes et illimitée dans ses buts ; et Moltke illustra lui-même sa position théorique en organisant les campagnes militaires les plus progressistes du XIXe siècle.

Les campagnes de Moltke apportent la preuve pratique que les méthodes de la guerre populaire et industrielle moderne — qu'il a comprises mieux que n'importe quel général de son temps — ne sont pas nécessairement en contradiction avec le principe essentiel de Frédéric le Grand selon lequel les guerres devaient être livrées pour atteindre des objectifs politiques spécifiques et limités. Dans l'opinion de Moltke — et de son partenaire politique, le chancelier de Prusse Otto von Bismarck —, il n'est pas nécessaire que ces objectifs limités soient matériels : Moltke et Bismarck étaient tous deux suffisamment en phase avec leur époque pour être persuadés de se battre, ainsi que l'écrivit Moltke à propos de la guerre contre l'Autriche, « pour une fin idéale ». Sauf que cette fin idéale, selon Moltke, était non pas l'annexion d'un territoire, mais plutôt « l'établissement du pouvoir », ce qui impliquait que l'Autriche « devait renoncer à toute part d'hégémonie sur l'Allemagne ». Moltke ne parlait pas de « détruire » ses ennemis, même s'il se révéla à plusieurs reprises parfaitement capable de les attirer par d'habiles manœuvres dans des batailles fameuses pour leur caractère décisif. Jouissant d'une intelligence encore plus profonde et encore plus vaste que celle de Clausewitz, et surtout épargné par l'éblouissement napoléonien, Moltke comprit, lui, que c'était la paix, et non la dévastation, qui était le but de la guerre. Et c'est en partie grâce à son influence que le nouvel Etat allemand créé par Bismarck en 1871 n'utilisa pas sa supériorité militaire pour étendre sa domination sur le continent au-delà d'une limite tolérable par les autres puissances.

Bien loin de son pays de naissance, le modèle clausewitzien de la guerre absolue allait être pour la première fois mis en application par une nation préparée à semer la destruction avec une violence dont même l'idole de Clausewitz n'aurait sans doute jamais osé rêver. *De la guerre* ne fut pourtant traduit en anglais qu'en 1873, et il est tout à fait improbable que des officiers appelés à jouer un rôle important dans la guerre de Sécession aient eu entre les mains l'édition allemande. L'esprit martial américain n'en élaborait pas moins depuis un certain temps sa propre conception de la guerre totale — ou absolue. Plusieurs décennies de campagnes sanguinaires contre les tribus indiennes, après l'indépendance, avaient accru la tendance américaine à rechercher un dénouement sans condition de l'affrontement militaire, une tendance résolument compatible avec l'idée de guerre totale. Mais peut-être rien n'avait-il autant conforté la plupart des officiers américains dans leur conviction que les ennemis de la nation devaient être écrasés sans merci que le dramatique enchaînement d'événements survenus dans la nouvelle capitale, Washington, au début du XIXe siècle.

En 1814, les Etats-Unis étaient engagés dans la seconde guerre de l'Indépendance, une guerre féroce, sur terre et sur mer, contre la Grande-Bretagne. De nombreux analystes ont tenté d'y voir un conflit économique et politique d'importance limitée, mais ils auraient sans doute eu bien du mal à en convaincre les civils américains qui eurent à subir les impitoyables attaques terroristes lancées par les corps expéditionnaires britanniques. Les opérations britanniques furent en effet d'une sauvagerie inouïe : des femmes, des enfants et des vieillards furent mutilés et assassinés en même temps que les hommes, civils ou soldats, en une tentative délibérée de briser la volonté de résistance du peuple américain. Cette tentative atteignit son point culminant à la fin du mois d'août 1814, quand une escadre de navires britanniques chargés de fantassins entra dans la baie de Chesapeake et remonta le Patuxent avec un objectif aussi simple que terrifiant : rayer Washington de la carte.

Les forces britanniques atteignirent leur objectif : dans la nuit du 24 août, la Maison-Blanche, le Capitole, la Bibliothèque du Congrès et bien d'autres édifices emblématiques de la capitale et du pays naissant furent dévorés par les flammes. Le gouvernement avait été évacué à la dernière minute, et ses membres (dont le président James Madison) n'eurent que le temps de s'égailler dans la campagne environnante ; mais les Britanniques se déchaînèrent, le plus souvent sans merci, contre les soldats et les civils restés sur place.

En réalité, la guerre de 1812 n'avait pas grand-chose à voir avec un grief politique ou une rivalité économique spécifique : elle fut lancée par les Britanniques (qui allaient rester les ennemis des Etats-Unis tout au long du XIXe siècle) en réaction à la profonde anxiété causée par l'expansion du républicanisme démocratique en Amérique. Ayant assisté au spectacle de la sanglante anarchie qui s'était emparée de la France lors de la Révolution (au moins partiellement inspirée de l'exemple américain) et ayant vu les Etats-Unis multiplier spectaculairement la superficie de leur territoire au moment de l'achat de la Louisiane à la France, l'Empire britannique — une société stratifiée, dont les élites aristocratique et royale avaient repris le contrôle après la mort de Cromwell et le rétablissement de la monarchie constitutionnelle — se mit à craindre que l'expansion généralisée d'une rébellion de type américain ne signifie non seulement une concurrence économique accrue à l'étranger, mais aussi des soulèvements internes. Les Anglais détruisirent donc gratuitement des édifices-clés (et tuèrent nombre d'innocents) lors de l'attaque de Washington parce que ces édifices étaient le symbole honni de valeurs américaines dont le gouvernement britannique redoutait la propagation. Comme cela avait déjà été le cas à l'époque romaine, et comme cela devait le rester dans l'avenir, un conflit de valeurs culturelles au sens large se révélait capable de mener encore plus directement à une guerre de terreur qu'un choc de politiques ou d'ambitions particulières.

Les Britanniques avaient raison de craindre la contamination du républicanisme démocratique américain ; à terme, l'essor des Etats-Unis allait donner l'exemple un peu partout dans le monde, incitant les populations de diverses colonies à prendre en main leur destinée en se débarrassant d'un système aussi politiquement et socialement réglementé que celui dont dépendait une puissance impériale comme la Grande-Bretagne. Mais la tactique que l'armée et la marine britanniques adoptèrent pour combattre ces valeurs valut à l'empire les plus sévères critiques morales, et en particulier celles de la France : « Comment une nation éminemment civilisée, s'indignait le *Journal de Paris*, peut-elle se comporter à Washington avec autant de barbarie que les hordes d'Attila et de Genséric ? Cet acte d'ignoble vengeance n'est-il pas un crime contre toute l'humanité ? »

Crime contre l'humanité ou non, l'incendie de Washington, ajouté à la conquête de l'Ouest qui se poursuivait, apporta une nouvelle preuve à de nombreux politiciens et militaires américains que la notion de guerre limitée n'avait pas cours de leur côté de l'Atlantique. Rien n'illustre mieux cette mentalité que le fait qu'Andrew Jackson ait été le plus puissant et le plus célébré des présidents des Etats-Unis entre Thomas Jefferson et Abraham Lincoln. Après avoir été, enfant, le témoin et la victime des violences britanniques pendant la révolution, Jackson se fit un nom en remportant la bataille finale de la guerre de 1812, puis en combattant les Indiens avec une implacable férocité. (L'attitude de Jackson envers les Indiens allait d'ailleurs fort peu évoluer au cours de sa longue présidence.) Les Américains continuèrent de se considérer, pendant toute la première moitié du XIXe siècle, comme un peuple luttant pour survivre face à des ennemis qui ne faisaient pas de quartier ; par voie de conséquence, eux-mêmes en faisaient rarement.

De la même façon, la cause immédiate de la guerre de Sécession est en partie le résultat de l'implication américaine dans une guerre menée contre des civils — même si cette guerre avait eu lieu longtemps auparavant, et sur l'autre rive de l'Atlantique. La traite des esclaves d'Afrique, comme nous l'avons déjà dit, n'aurait pas été possible sans les rivalités et les guerres tribales qui caractérisaient de manière endémique la vie africaine. Si la présence de marchands européens et américains disposés à acheter des êtres humains exacerba sans aucun doute l'empressement de nombreuses tribus à les ravitailler en captifs, les Blancs créèrent moins une tradition qu'ils ne tirèrent profit d'une tradition existante. (Cette tradition a d'ailleurs survécu jusqu'à nos jours, puisque l'esclavage reste une tradition prisée de quelques tribus d'Afrique.) Mais, quelle qu'ait été la nature exacte de leur complicité dans les guerres livrées sur le continent africain, les Blancs américains — autant les marins des vaisseaux négriers de Nouvelle-Angleterre que les planteurs du Sud qui achetaient leur cargaison — furent bel et bien complices ; et même si, à l'époque de la guerre de Sécession, le commerce international des esclaves était devenu illégal, il n'en allait pas de même pour la possession, l'exploitation et la reproduction des esclaves. L'économie des Etats du Sud dépendait de cette pratique, à tel point que lorsque l'extension de l'esclavage à de nouveaux territoires se trouva mise sur la sellette, ces Etats choisirent de quitter l'Union. Malgré tous leurs efforts, les deux camps ne purent trouver aucun compromis viable : comme beaucoup de sudistes eux-mêmes le firent remarquer, soit la pratique de l'esclavage et la théorie de l'infériorité raciale qui la sous-tendait étaient fondamentalement justes (et les protestations du Nord fondamentalement injustes), soit le mode de vie sudiste était tout entier fondé sur un mensonge. Une nouvelle guerre des valeurs culturelles — bien plus profonde que celle de 1812 — menaçait l'Amérique du Nord. Et la tactique de la terreur était à portée de main.

L'esclavage en soi est peut-être, ou n'est peut-être pas, le résultat d'une tactique de cet ordre : s'il est assurément le résultat de lointaines guerres aux civils, il serait cependant difficile d'affirmer que ceux qui ont provoqué ces guerres avaient pour objectif de saper l'autorité politique des gouvernements tribaux auxquels étaient pris les esclaves. Mais ce qui ne fait aucun doute, c'est que la polémique sur le maintien de l'esclavage dans un pays inspiré par les principes de la liberté universelle déclencha une guerre qui, même civile, allait avoir un énorme impact sur le rôle prépondérant de la terreur dans les futures guerres internationales. Une chose est certaine : le gouvernement américain s'était déjà montré plus qu'enclin à utiliser des méthodes terroristes dans ses guerres contre les tribus indiennes — comme d'ailleurs les Indiens eux-mêmes. Mais les Blancs allaient-ils employer ce genre de tactique les uns contre les autres, donnant forme pour la première fois dans le monde occidental à la vision clausewitzienne d'une guerre entre Etats modernes où tous les éléments de la société participeraient au conflit et en seraient les victimes ?

La réponse fut un oui sans équivoque, et même frénétique. Le ton fut donné avant même le début des hostilités. Jefferson Davis, sénateur américain et futur président des Etats confédérés, avertit ses collègues du Nord que leurs villes risquaient d'être brûlées, et leur économie industrielle ruinée : « La torche et l'épée peuvent faire leur office avec d'atroces ravages, et des millions d'affamés pleureraient la stupidité de ceux qui les ont précipités dans une aussi triste politique. » Nombre de généraux placés sous le commandement de Davis — en particulier Thomas « Stonewall » Jackson, Nathan Bedford Forrest et Jubal Early — allaient s'appliquer à mettre en pratique la menace de Davis depuis les premiers jours de la guerre jusqu'aux derniers. Même s'ils n'eurent que peu d'occasions d'envahir le territoire de l'Union et s'ils ne brûlèrent aucune grande ville nordiste, ils s'en prirent avec une sauvagerie sans borne non seulement aux villes et aux fermes de la zone frontalière, mais aussi aux prisonniers de guerre de l'Union et aux esclaves qui avaient été affranchis pour combattre la Confédération. Certains officiers de haut rang, comme Robert E. Lee, tentèrent de limiter ces exactions ; mais dans une guerre débridée qui vit des armées gigantesques et passionnées évoluer à travers d'immenses théâtres d'opérations sans disposer (surtout dans le cas des Confédérés) d'un système d'état-major permettant d'assurer le respect des ordres de bataille, et encore moins celui de la discipline, les principes de la guerre limitée de Lee étaient généralement ignorés — quand ils n'étaient pas qualifiés d'ineptes.

La guerre de Sécession, menée avec les armes nouvelles et extraordinairement destructrices de la révolution industrielle et en vertu d'idées globalisantes que non seulement Carl von Clausewitz, mais aussi tous les partisans de la terreur militaire depuis l'époque romaine auraient certainement approuvées, fut un conflit différent de tout ce que le monde avait connu jusque-là. Certes, les guerres napoléoniennes s'en rapprochaient par leur dimension, mais la destruction des civils et de leurs biens n'avait pas été aussi systématiquement, voire scientifiquement calculée qu'en Amérique. Les généraux du Sud, même animés d'une vraie passion et d'un authentique talent pour la guerre totale, n'avaient ni le tempérament ni les ressources nécessaires pour appliquer cette systématisation avec compétence. Cette tâche allait échoir aux généraux du Nord — nettement moins flamboyants, mais beaucoup plus inventifs —, et surtout à l'un d'eux : William Tecumseh Sherman.

Souvent désigné comme le « père » ou le « philosophe » de la guerre totale, Sherman fut en vérité les deux — et ni l'un ni l'autre. Car en même temps qu'il était conscient, pendant la célèbre et violente « marche vers la mer » de son armée d'Atlanta à l'océan, puis vers le nord à travers les Carolines en 1864-65, d'être en train de briser les reins de l'armée confédérée en la privant d'armes et de ravitaillement, il reconnaissait aussi que la majeure partie des destructions et des rapines commises par ses hommes était inutile sur le plan militaire et ne rappelait rien autant qu'une expédition punitive romaine. Cet homme de l'Ohio, enthousiaste et brillant, donnait clairement son opinion à qui voulait l'entendre, ennemi inclus. Aux édiles de la ville d'Atlanta, qu'il assiégeait, Sherman écrivit : « Vous ne sauriez qualifier la guerre en termes plus brutaux que je ne le ferai. La guerre est cruelle, et on ne peut la raffiner ; ceux qui l'ont apportée dans notre pays méritent toutes les cruautés et toutes les malédictions qu'un peuple est capable de déverser. [...] Autant protester contre la foudre que contre les terribles brutalités de la guerre. » A une autre occasion, Sherman déclara qu'il estimait être personnellement en guerre contre tout homme, femme et enfant du Sud ; et même s'il distribua des consignes contre les pillages excessifs, il déploya peu d'énergie pour les appliquer. « Je me sentirai fondé à recourir aux mesures les plus violentes, devait-il déclarer face à la résistance du peuple et de l'armée du Sud, et je ferai peu d'efforts pour retenir mes troupes. »

Ce message eut, évidemment, un écho de taille auprès des troupes de l'Union qui livraient depuis quatre ans une guerre sans merci sous les ordres de généraux le plus souvent incompétents. Son effet sur l'opinion du Nord fut à peu près le même. La marche de Sherman vers la mer eut néanmoins une autre dimension, importante et purement militaire, qui ne lui inspira pas autant de déclamations pseudo-bibliques, mais qui fit de cette opération la campagne la plus brillamment conçue et exécutée de toute l'histoire militaire américaine. Dans son essence même, l'aspect militaire de cette marche ne pourrait pas avoir été davantage en porte-à-faux avec sa dimension punitive : car, si on le juge en termes strictement stratégiques, le grand mouvement tournant de Sherman à travers le Sud relevait purement de la guerre limitée et progressiste. Ayant appris au fil de ses longues années de carrière à éviter les batailles cataclysmiques et insuffisamment décisives, Sherman s'appliqua après la prise d'Atlanta à faire mouvement dans la campagne derrière les lignes ennemies, détruisant les voies ferrées, les routes, les ponts et les câbles télégraphiques qui étaient les principales artères de ravitaillement et de communication des forces sudistes sur le terrain, surtout celles qui avaient pris position le plus au nord, face à Ulysses Grant. Sur le plan stratégique, c'était une campagne ayant pour but non pas la destruction, mais la victoire, et il est très vraisemblable que, si la destruction gratuite avait été évitée, elle aurait atteint un objectif encore plus grand que la victoire : la paix. Hélas, sa dimension punitive, bien que calamiteuse sur le plan militaire, fut privilégiée, et elle devait provoquer l'apparition d'une rancœur et d'une haine tenaces dans le cœur des vaincus du Sud, qui se libérèrent par la suite de leur furie meurtrière en créant des groupes terroristes locaux comme le Ku Klux Klan. Ces groupes dirigèrent leur violence non pas contre les troupes fédérales, mais contre des victimes sur lesquelles ils avaient un pouvoir physique et politique cent fois supérieur : les Noirs restés en arrière après le retrait de l'armée fédérale.

Sherman a fait preuve tout au long de sa carrière d'une loquacité compulsive, mais il se peut que nous ne sachions jamais pourquoi il céda si entièrement à une impulsion dont il reconnaissait pourtant l'absence de nécessité. Il était tellement conscient de ce qui, dans les destructions perpétrées par son armée, était véritablement susceptible de précipiter la reddition du Sud, qu'il alla jusqu'à établir un pourcentage. Dans la seule Géorgie, selon lui, son armée avait causé pour cent millions de dollars de dommages ; et de ce total, vingt millions seulement « accrurent notre avantage ». Quant au reste, ce ne fut que « dégradation et destruction ». Le calcul n'était cependant pas si simple, surtout si on le rapporte au mal que ces destructions firent à l'objectif ultime, qui était non de gagner la guerre, mais de gagner la paix. Certes, la Confédération fut vaincue, et ce avant même que Sherman ait achevé la dernière phase de sa campagne. (Etant donné sa longue histoire de pratique de la terreur, d'ailleurs, le Sud avait peu de chances de connaître un autre sort.) Mais elle devait conserver, en raison de la brutalité de l'Union, une empreinte durable de rancœur et de violence. En d'autres termes, l'intérêt à long terme de la nation américaine — qui était, selon Lincoln, de pacifier le Sud et de cicatriser les divisions internes — souffrit considérablement des quatre-vingts pour cent de dommages inutiles infligés par l'armée de Sherman à ses ennemis. La tactique de la riposte par la terreur — qui consista dans ce cas précis à semer la famine, le meurtre et la destruction pour punir le Sud d'avoir non seulement déclenché la guerre, mais aussi maintenu un système pervers d'esclavage — se révéla tout aussi destructrice pour l'Amérique qu'elle l'avait été jusque-là partout ailleurs dans le monde. La guerre aurait pu être gagnée sans elle ; la paix fut perdue à cause d'elle.

En maintes occasions, Sherman se défendit en déclarant qu'il avait été tout bonnement incapable de contrôler les pulsions vengeresses de ses hommes ; cela semble parfaitement mensonger si l'on considère sa formidable force de caractère, ou si l'on rapporte cette ligne de défense aux déclarations encore plus nombreuses qu'il fit de son intention — de son *choix* — de « faire en sorte que les vieux et les jeunes, les riches et les pauvres, sentent la main brutale de la guerre ». Rarement un chef militaire aura été à la fois aussi brillant et aussi égaré au cours d'une campagne. Bien sûr, les discours vengeurs de Sherman s'inscrivaient parfaitement dans la tradition d'implacabilité qui caractérisait le style de guerre américain — comme toutes les autres destructions gratuites perpétrées par les généraux de la guerre de Sécession, et comme la demande ultime du Nord, qui exigea du Sud une reddition inconditionnelle. Cette cohérence de style allait d'ailleurs être une nouvelle source de déception : l'immense majorité des commandants militaires américains qui succédèrent à Sherman gardèrent en mémoire non pas l'aspect brillamment progressif de sa campagne dans le Sud, mais plutôt sa dimension vengeresse et destructrice. La balance de la tradition militaire de l'Amérique penchait déjà en faveur de l'utilisation de forces massives visant à dévaster totalement l'ennemi, et l'attitude destructrice de la quasi-totalité des armées américaines pendant la guerre de Sécession allait permettre à cette tradition de survivre et de gagner en puissance.

Beaucoup d'observateurs étrangers, quand ils contemplaient les Etats-Unis au temps de la guerre de Sécession, ne voyaient pas une nation occupée à lutter bravement pour sa liberté. Ils voyaient plutôt, et de manière tout à fait compréhensible, un peuple en train de donner vie à la terrifiante vision clausewitzienne de la guerre. Cette perception ne fut que renforcée quand, à la suite de la guerre de Sécession, les commandants américains — emmenés par Sherman — consacrèrent leur énergie à soumettre une bonne fois pour toutes les tribus indiennes rescapées. La teneur de ces batailles devait être brutalement résumée par le général Philip Sheridan (un autre spécialiste de la destruction gratuite au sein de l'armée de l'Union) quand il déclara : « Les seuls bons Indiens que j'aie jamais connus sont des Indiens morts. » Les campagnes meurtrières qui eurent lieu dans l'Ouest américain durant le dernier quart du XIXe siècle restent à ce jour des exemples que les gouvernements répressifs ou les groupes terroristes ne se gênent pas pour invoquer afin de contester la validité morale des positions américaines ; on peut donc considérer, en dernière analyse, qu'elles furent éminemment autodestructrices. Ce furent de véritables campagnes de terreur, des guerres d'extermination et d'anéantissement. Les traités furent violés, et les civils considérés comme des cibles légitimes, voire prioritaires. Aucune arme (pas même, semble-t-il, des couvertures contaminées par le virus de la variole) ne fut écartée par le gouvernement américain ou par ses agents de l'ombre. Ces faits ne sont pas sans rappeler, de manière inquiétante, la situation actuelle.

Quand le Prussien Helmuth von Moltke porta son esprit brillant sur l'étude de la guerre de Sécession, il n'y trouva pas grand-chose de valable et finit même par qualifier ce conflit de choc de deux bandes armées. Il n'allait cependant pas devoir attendre longtemps avant que le cours suivi par certains événements sur son continent — et même dans son pays — montre des signes d'évolution clausewitzienne. Pendant la guerre franco-allemande de 1870-71 — un conflit qui, grâce à une planification novatrice et à l'exploitation faite par Moltke des technologies les plus modernes, allait offrir un contraste saisissant avec la guerre de Sécession —, le chancelier Bismarck décréta, après que l'armée prussienne eut encerclé Paris et effectivement remporté la victoire militaire, qu'il était indispensable de « posséder » la capitale française. Le meilleur moyen d'obtenir cette possession, croyait-il, était une bonne dose de pilonnage d'artillerie lourde qui démoraliserait les Parisiens. Moltke s'opposa avec véhémence à cette idée, arguant que la ville, dans l'état où elle se trouvait, n'avait aucune valeur militaire puisqu'elle ne contenait plus guère que des civils. Il estimait non seulement immoral, mais encore contre-productif de la bombarder, dans la mesure où cela risquait de régénérer plutôt que d'anéantir la résistance française. L'opinion de Moltke était le fruit d'une vie entière d'étude et de pratique de la science militaire, mais Bismarck était chancelier, et Paris fut bombardé. Confirmant les prédictions de Moltke, le tonnerre des canons raviva l'opposition des Français, et, plus grave encore pour l'avenir de l'Europe, la rancœur de la France contre l'Allemagne s'en trouva accrue et durablement prolongée.

Avec la conclusion de la guerre de 1870, l'Europe entra dans une phase de paix et de prospérité de plusieurs décennies. Le chef de l'état-major allemand avait cependant cru percevoir quelque chose, dans la guerre de Sécession puis dans le bombardement de Paris, qui l'avait troublé si profondément qu'il passa le reste de sa vie à faire le nécessaire pour que l'Allemagne n'entreprenne plus aucune autre guerre. Les conflits à venir, pensait Moltke, ressembleraient moins à ceux que lui-même avait orchestrés qu'à la variété prônée par Clausewitz, telle qu'elle avait été appliquée par les Américains, puis par Bismarck aux portes de Paris. En 1890, à peine un an avant sa mort, Moltke évoqua ses craintes lors d'un discours au Reichstag auquel personne ne prêta grande attention.

L'Europe, malgré sa prospérité, annonça-t-il, vivait depuis près d'une décennie dans le danger d'une guerre généralisée. Etant donné le développement de la concurrence économique et coloniale entre les puissances, il y avait peu de raisons de croire que ce conflit pourrait être indéfiniment reporté. Il finirait par éclater, sans que rien permette de prédire combien de temps il durerait : « Messieurs, lança de la tribune le maître de la guerre progressiste du XIXe siècle, ce sera peut-être une guerre de sept ans, ce sera peut-être une guerre de trente ans — et malheur à celui qui embrasera l'Europe, malheur à celui qui le premier mettra le feu aux poudres ! »

Malgré son âge avancé, Moltke nourrissait des soupçons très réalistes quant au pays qui déclencherait les hostilités. Il resta certain jusqu'au jour de sa mort que la prochaine guerre serait sans limite en termes de déchaînement des passions, totale par son échelle et atroce dans ses conséquences. Le monde entier était à l'orée d'un siècle et d'un mode de vie nouveaux — un siècle qui risquait de voir le triomphe de ceux qui croyaient que la guerre était impossible à réformer et à restreindre, bref, un siècle qui risquait fort d'être dominé, plutôt que simplement visité, par la terreur.

8

FASCINÉS PAR LA TERREUR

Le XIXe siècle fut le théâtre d'épisodes de violence politique internationale disséminés qui sont aujourd'hui largement interprétés comme les précédents historiques à partir desquels nous devrions construire notre approche du terrorisme moderne. Les agents de cette violence, communément regroupés sous le terme d'« anarchistes », utilisèrent ostensiblement le meurtre et l'assassinat, ainsi que les attentats à la bombe contre des militaires, des représentants des forces de l'ordre et des agents de sécurité privée, pour dénoncer et combattre les disparités croissantes de fortune et de niveau de vie entre les classes sociales apparues dans le sillage de la révolution industrielle. L'objectif ultime des anarchistes était de provoquer un important soulèvement international des travailleurs et, au-delà, d'anéantir toute oppression gouvernementale en éliminant les gouvernements. Suivant les préceptes de

Mikhaïl Bakounine, de Petr Kropotkine, de Sergueï Netchaïev et d'autres, les anarchistes semèrent la terreur non seulement chez les nantis d'Europe et d'Amérique, mais aussi chez les citoyens ordinaires, qui eurent souvent à subir les dommages collatéraux de ce qui allait devenir une âpre et longue bataille.

Comme pour la guérilla, il existe indubitablement des similitudes entre l'anarchisme et le terrorisme actuel ; à dire vrai, le mot *terroriste* est passé dans le langage courant à l'époque de la menace anarchiste. Le message d'ensemble des anarchistes, comme la plupart des professions de foi terroristes, était nébuleux : « Nous contestons toute législation, toute autorité, et toute influence [...] même si elles sont fondées sur le suffrage universel », écrivait Bakounine ; et leur objectif central, encore une fois comme celui des terroristes, était d'instaurer une atmosphère de peur et d'instabilité susceptible d'affaiblir la loyauté des citoyens envers leur gouvernement. Les armes de choix des anarchistes étaient aussi rudimentaires que celles de nombreux terroristes — couteaux, pistolets, bombes artisanales —, et ils ne reculaient pas devant les attentats-suicides. En 1892, par exemple, Alexander Berkman, un anarchiste d'origine russe employé en Amérique, fit irruption dans le bureau d'Henry Clay Frick (qui avait brisé la grande grève de Homestead pour le compte de son patron Andrew Carnegie) et, alors que des policiers et des vigiles le maîtrisaient, il tenta de faire détoner une capsule explosive avec ses dents. D'autres anarchistes eurent plus de succès que Berkman et assassinèrent des hommes d'affaires, des hommes d'Etat, des aristocrates — et même un tsar, un roi d'Italie et, en 1901, le président américain William McKinley — avec une telle fréquence que les Etats-Unis finirent par promulguer une loi interdisant l'entrée dans le pays à toute personne ayant des liens connus avec les anarchistes. Mais les anarchistes étaient déjà suffisamment nombreux en Amérique pour causer des dégâts considérables, comme devait le prouver le meurtre de McKinley par Leon Czolgosz — un personnage tellement instable qu'un certain nombre de groupes anarchistes avaient refusé de l'accepter dans leurs rangs.

Aussi violent fût-il, le mouvement anarchiste ne représenta jamais une menace significative ni pour les intérêts économiques établis ni pour la stabilité des gouvernements occidentaux. Et c'est peut-être précisément cette absence de menace sérieuse qui a incité tant de commentateurs politiques et historiques à considérer les anarchistes comme les précurseurs du terrorisme international moderne : en effet, si les terroristes d'aujourd'hui ne sont qu'une nouvelle génération d'anarchistes, la menace qu'ils constituent paraît d'emblée nettement plus limitée. Hélas, les terroristes d'aujourd'hui ont de nombreux atouts que les anarchistes n'avaient pas. D'abord et avant tout, les anarchistes n'étaient soutenus par aucun Etat, ce qui signifie qu'ils ne disposaient ni de camps d'entraînement paramilitaires (dont ils auraient assurément eu l'usage, car il s'agissait essentiellement d'intellectuels à demi affamés n'ayant pas ou peu d'expérience concrète de la violence), ni de systèmes de renseignement efficace, ni d'accès aux armes de la dernière génération. (Malgré l'usage occasionnel qu'ils font d'armes rudimentaires, la plupart des terroristes ont aujourd'hui la possibilité d'utiliser des armes de guerre sophistiquées.) Par ailleurs, en termes d'organisation, même si les anarchistes étaient souvent organisés en cellules, il leur manquait les compétences et le matériel nécessaires à un cryptage efficace permettant de protéger leurs communications. Les cellules pouvaient donc être infiltrées et démantelées sans grande difficulté par la police internationale et les services de renseignement, ce qui n'est pas le cas des terroristes modernes, qui affichent une solide maîtrise, à tous les niveaux, des systèmes de communication et des technologies de l'information.

Bref, sur aucun plan, le mouvement anarchiste n'a un jour constitué une véritable menace de type paramilitaire ou militaire comparable à celle que représentent les terroristes contemporains, et le mouvement terroriste n'a pas atteint son niveau de menace en s'inspirant de la tactique des anarchistes ou de tout autre groupe marginal. Il aurait plutôt adopté le modèle militaire de ses ennemis, suivant pour s'entraîner des programmes rigoureux dans des installations spécifiquement conçues à cet effet par des Etats qui les accueillent avec le soutien de riches mécènes. Même si bien des gens seraient sans doute rassurés de croire qu'une bombe terroriste est impossible à distinguer d'une bombe anarchiste, les deux armes n'en restent pas moins radicalement différentes, du fait des objectifs de leurs concepteurs et de l'entraînement de leurs utilisateurs. Car malgré leurs prétentions, les anarchistes étaient des criminels, et, en tant que tels, ils étaient efficacement combattus par des moyens que nous nous sommes habitués à employer contre les terroristes : ceux de la police. Par une ironie supplémentaire, les terroristes modernes ont effectivement réalisé le rêve anarchiste de constitution d'une armée internationale dotée d'un formidable potentiel de destruction. Ces considérations nous incitent une fois de plus à étudier l'histoire de la guerre plutôt que celle de l'extrémisme politique pour déterminer la meilleure façon de riposter à la menace terroriste.

S'il n'existe pas de similitude significative entre les anarchistes du passé et les terroristes actuels, cette similitude est en revanche bel et bien présente chez leurs ennemis. La forme moderne du capitalisme multinational, qui va de pair avec l'expansionnisme culturel occidental, nourrit la haine de nombreux terroristes internationaux en donnant l'impression que tous les problèmes régionaux sont inféodés aux intérêts du capitalisme occidental. Il s'agit là d'une excroissance directe, bien que moins brutale, des tendances impérialistes du capitalisme qui dominait l'Occident au début du siècle dernier. Les chefs d'entreprise actuels le nient, bien sûr, feignant l'indignation quand on leur fait remarquer que leurs méthodes commerciales sont largement considérées comme de l'impérialisme sans l'apparat politique. Et pourtant, les grandes préoccupations du commerce international du XXIe siècle affichent une ressemblance frappante avec celles qui existaient en 1900 : qu'il s'agisse des questions de fiscalité internationale, des guerres commerciales, des conséquences de l'immigration, de l'influence des biens et de la culture occidentaux dans les pays les moins développés, de la façon de réguler l'exploitation des ressources naturelles du globe — ou d'éviter cette régulation —, et même de l'ouverture du marché chinois à une pénétration économique accrue, tous ces sujets étaient déjà d'une brûlante actualité il y a cent ans. La vraie différence entre l'économie internationale d'alors et celle d'aujourd'hui est que l'Occident de 1900 hésitait nettement moins à faire donner la troupe pour imposer sa volonté commerciale au monde.

Certes, de nombreux observateurs affirment qu'aujourd'hui l'Occident n'hésite guère à déployer sa puissance militaire pour protéger les intérêts de ses entreprises ; et même s'il y a un écart incontestable entre les deux époques par la fréquence et l'intensité de cet usage de la force, la similitude est indéniable si l'on considère ses objectifs et ses effets. (Rares sont ceux qui persistent à soutenir, par exemple, que la guerre du Golfe a été uniquement ou initialement entreprise pour libérer le Koweït : elle rappelle bien davantage les guerres du XIXe siècle menées pour défendre des intérêts commerciaux que, par exemple, le débarquement sur les côtes françaises de 1944.) La principale conséquence intérieure de ce type d'action, pour les nations occidentales, était et reste son coût — non pas pour les entreprises, mais pour les citoyens. Si aujourd'hui la plupart des gens se rendent compte que les efforts déployés par les gouvernements occidentaux pour protéger à la fois les valeurs du capitalisme démocratique et les intérêts de leurs entreprises multinationales à l'étranger imposent un énorme fardeau à leurs contribuables, beaucoup sont surpris d'apprendre qu'une situation identique existait à l'époque de l'impérialisme politique d'il y a cent ans. La possession et l'administration des colonies n'ont jamais été une affaire particulièrement rentable pour la Grande-

Bretagne ou la France en tant que nations. Si elles ont été prodigieusement lucratives pour les entreprises britanniques ou françaises qui ont eu accès à ces colonies, le retour annuel sur investissement pour les gouvernements nationaux n'a jamais dépassé, selon la plupart des estimations, une fourchette de trois à cinq pour cent. Cela ne légitime pas pour autant l'opinion de la gauche traditionnelle selon laquelle les gouvernements occidentaux du temps de l'impérialisme agissaient pour le compte des grandes multinationales. La plupart des hommes d'Etat de quelque stature de ces pays impérialistes — et notamment l'Américain Theodore Roosevelt, qui défendit l'annexion des Philippines après la guerre contre l'Espagne en 1898 — croyaient sincèrement rendre un service moral au monde en lui imposant la démocratie libérale à l'occidentale. Le « fardeau de l'homme blanc », une expression aujourd'hui saluée avec dérision ou mépris, était à l'époque un sentiment sincère, bien que souvent illusoire, qui nourrit puissamment l'impérialisme du début du siècle.

Au XIXe siècle, en d'autres termes, la culture occidentale arriva au contact de nombreuses et lointaines parties du globe dans la même disposition que le prosélytisme musulman mille ans plus tôt : convaincue que le monde désirait les avantages matériels et spirituels qu'elle avait à offrir et prête à les imposer, le cas échéant, par la force. Cela impliquait naturellement la guerre ; et la guerre, pour l'Occident du XIXe siècle, était une guerre totale. Pourtant, de façon peut-être surprenante, ce concept fut bien plus facile à admettre et à intégrer pour la plupart des peuples indigènes que des notions telles que le christianisme ou le moteur à vapeur. Car si les produits manufacturés et l'idée d'une divinité unique étaient des nouveautés choquantes pour beaucoup de ces peuples, la guerre illimitée ne l'était pas. Comme nous l'avons vu plus haut, pendant des générations, ce type de conflit avait été la règle sur les champs de bataille de presque tous les continents sauf l'Occident, et, au cours du XIXe siècle, cette situation ne fit que s'intensifier. L'exemple le plus net de la domination de la guerre illimitée durant cette période est peut-être celui de la rébellion des Taiping en Chine, qui opposa pendant près d'une décennie la dynastie des Qing, corrompue et affaiblie, à un groupe de fanatiques et ne fit pas moins de quarante millions de morts.

Il ne manquait à ces conflits qu'une profusion d'armes modernes : les fusils, les mousquets et les canons occidentaux étaient des biens rares dans ces parties du monde. Dans le cas de la rébellion des Taiping, par exemple, l'écrasante majorité des quarante millions de victimes mourut soit au fil de l'épée ou de la lance, soit de torture, soit de faim. On ne peut que se demander à quel niveau se seraient haussées les pertes si les armes à feu et les explosifs disponibles en Europe et en Amérique avaient joué un rôle significatif dans le conflit. Trop vite, cependant, grâce non seulement à la spectaculaire expansion du commerce (et à l'effondrement symétrique de la moralité) provoquée par le capitalisme impérialiste du XIXe siècle, mais aussi aux progrès techniques de la production de masse sur laquelle s'appuyait le capitalisme, ces armes allaient devenir accessibles à tous les pays, à toutes les factions, ou à tous les individus ayant les moyens financiers de les acquérir. En vérité, les entreprises qui fabriquaient ces armes en vinrent rapidement à les produire en si grande quantité qu'elles avaient besoin d'un nombre sans cesse croissant de clients, et c'est ainsi que le négoce international ne tarda pas à se doubler d'un juteux commerce des armes.

En bref, ce qui avait semblé jusque-là être le caractère spécifique de la guerre de Sécession — une boucherie à grande échelle, rendue possible par des armes bien plus avancées que l'esprit des hommes qui les maniaient — montrait, à la fin du XIXe siècle, tous les signes d'une propagation jusqu'aux contrées les plus lointaines du globe. Le potentiel destructeur de cette tendance se trouva en outre fortement augmenté par le fait que des mouvements anti-occidentaux et anti-impérialistes apparaissaient avec une régularité croissante dans ces mêmes contrées.

Au XIXe siècle, les Britanniques firent plusieurs fois l'expérience de l'efficacité avec laquelle les populations indigènes de leurs colonies et de leurs colonies potentielles étaient capables de résister ; il est à noter que ces populations étaient souvent soutenues par les armées musulmanes d'anciennes provinces d'un empire ottoman en pleine déliquescence. D'abord et avant tout, et c'est un exemple particulièrement significatif dans le contexte de notre guerre actuelle contre le terrorisme, il y eut la question de l'Afghanistan, un khanat qui allait devenir pour les Britanniques une véritable obsession au milieu du siècle. Les dirigeants britanniques croyaient que c'était par le biais de l'Afghanistan que la Russie risquait de menacer l'Inde, « joyau de la

Couronne » et source irremplaçable de matières premières et de biens commerciaux pour l'économie britannique. Par trois fois — de 1839 à 1842, en 1878, et de nouveau en 1879 —, les Britanniques firent la guerre en Afghanistan afin de couper l'herbe sous le pied des Russes. Le problème est qu'ils durent se battre non contre des Russes, mais contre des Afghans supposés nourrir certaines sympathies pour les Russes, ou tenant tout simplement à leur indépendance, ce que les Anglais jugeaient aussi dangereux. Leurs actions militaires finirent par leur valoir l'hostilité des Afghans pro-britanniques eux-mêmes : et en vérité, la troisième guerre afghane fut déclenchée par la mutinerie de troupes afghanes censées être restées loyales à la Couronne, qui massacrèrent le chef de la mission britannique à Kaboul et la totalité de son état-major. Les Britanniques ne s'attendaient pas à ce que les Afghans leur en veuillent tant de n'être que des pions sur l'échiquier de ce qu'on appelait alors le « grand jeu » de la diplomatie d'Asie centrale : déterminés et bien armés, ils s'imposèrent comme un des signes les plus visibles et les plus tenaces de la limite des ambitions impériales britanniques.

L'Afrique aussi réservait quelques vilaines surprises à l'Angleterre. En 1879, alors que toute leur attention était concentrée sur l'Afghanistan, les dirigeants de l'Empire apprirent une nouvelle choquante : une force militaire britannique significative venait d'être décimée en Afrique du Sud par une armée zouloue qui n'était guère munie que de lances. Pendant que les Zoulous apprenaient à se servir des armes prises aux Britanniques, un problème encore plus grave se développait au nord, au Soudan.

Un mouvement fondamentaliste avait vu le jour sous la houlette d'un certain Muhammad Ahmad qui affirmait être le « Mahdi », une figure mythique, néo-messianique, de la tradition islamique. Défiant l'autorité de leurs maîtres égyptiens et ottomans corrompus et incompétents, mais aussi du gouvernement de Londres qui soutenait depuis longtemps à bout de bras les régimes du Caire et de Constantinople, les partisans du Mahdi défirent une armée égyptienne commandée par un mercenaire britannique, dont ils saisirent les armes. Ils s'en servirent ensuite pour s'attaquer à ce qui restait des Egyptiens et des Soudanais loyalistes, ralliés à un autre général britannique, Charles « Chinese » Gordon, héros national en Grande-Bretagne et favori de la reine Victoria. Gordon, maître d'œuvre d'une brillante stratégie de défense de la capitale soudanaise, Khartoum, fut néanmoins vaincu et tué en 1885 ; pendant les quatorze années suivantes, le régime mahdiste (le Mahdi lui-même mourut peu après Gordon) constitua une menace inquiétante pour les intérêts britanniques dans la région. Le mouvement fut finalement écrasé avec un stupéfiant déploiement de sauvagerie technologique par le général britannique Herbert Kirchener, qui ordonna à ses troupes de faire un usage plus que généreux de la mitrailleuse Maxim, un engin redoutable, monté sur essieux, pour faucher les musulmans par dizaines. Comme l'écrivit un correspondant britannique après les combats : « Ce ne fut pas une bataille, ce fut une exécution. »

Aux Philippines, dans le même temps, les Etats-Unis se lançaient dans une guerre non moins cruelle contre ceux des autochtones qui avaient été assez naïfs pour croire que les Américains, après les avoir libérés du joug espagnol, leur accorderaient dans la foulée l'indépendance. A la place, les troupes américaines vainquirent la guérilla au terme d'un conflit qui, dans les deux camps, fut le théâtre de diverses exactions et attaques contre les civils. Cette guerre fut en partie menée parce que William McKinley, malgré son tempérament isolationniste, s'était senti chargé de la responsabilité d'« élever » le peuple philippin, qu'il considérait comme sauvage. Bien que ce sentiment fût sincère (quoique terriblement naïf), il fut exploité par ceux qui, à l'intérieur et à l'extérieur du gouvernement, souhaitaient ardemment une base navale d'où les Etats-Unis pourraient asseoir leur « prestige » — et particulièrement leur part dans le commerce international avec la Chine. Les anti-impérialistes d'Amérique protestèrent, et un mouvement pacifiste significatif apparut. La grande majorité des Américains, cependant, étaient habitués aux bilans terribles de la conquête de l'Ouest, qui n'avait vraiment pris fin que juste avant le lancement de la campagne des Philippines. Du fait de cet aguerrissement général — et aussi parce que la plupart des Américains ne savaient pas au juste, selon l'expression de l'humoriste Finley P. Dunne, si les Philippines étaient « des îles ou des produits en boîte » —, l'Amérique ne s'indigna pas véritablement, et l'archipel fut conservé.

Au milieu du siècle, la France reçut son lot d'humiliations en Algérie sous l'impulsion du légendaire Abd el-Kader, dont les exploits dans le désert poussèrent les Français à adopter contre les communautés locales une tactique de la « terre brûlée » aussi « absolue » que tout ce dont aurait pu rêver Carl von Clausewitz, et comparable à ce que William Tecumseh Sherman avait accompli en Amérique : Alexis de Tocqueville, après avoir visité l'Algérie en 1846, devait déclarer que la brutalité de la guerre qui s'y déroulait était en train de transformer les soldats français en brutes sanguinaires. La France finit par l'emporter ; mais, encore une fois, la terreur apporta un succès à court terme, et un désastre à long terme : l'Algérie allait rester un nid de problèmes pour les Français pendant des générations, et elle constitue aujourd'hui encore un foyer, doublé d'un terrain d'entraînement, pour certains des plus dangereux terroristes du monde.

Dans tous ces conflits, des Occidentaux ont été attaqués ou tués par des indigènes censés être à leur service ou engagés (comme ce fut le cas des mutins afghans de 1879) dans leurs forces armées — toujours ce même problème impérial qui s'était jadis révélé si épineux pour les Romains. Le plus remarquable, dans ces phénomènes, n'est pas qu'ils se soient produits, ni même qu'ils aient donné lieu à un déchaînement de violence aussi aveugle (répétons-le, la guerre totale n'avait rien d'une nouveauté pour le monde non occidental) ; c'est plutôt la façon dont les pouvoirs coloniaux se sont laissé régulièrement prendre au dépourvu, comme s'ils étaient incapables de tirer les enseignements de l'expérience passée. En vérité, l'impérialisme dépendait pour fonctionner de la présence de recrues et de volontaires autochtones : il n'y avait tout bonnement pas assez de troupes occidentales pour quadriller l'ensemble des territoires colonisés. Il fallait donc conclure des accords avec les éléments indigènes, dont certains étaient dignes de confiance, tandis que d'autres n'attendaient qu'une occasion d'éjecter ceux qu'ils percevaient comme des envahisseurs après avoir reçu d'eux des armes et un entraînement militaire adéquat.

La liste des guerres impériales qui se révélèrent totales ne se réduit pas aux conflits qui opposèrent des forces occidentales à des peuples indigènes. La guerre des Boers, de 1899 à 1902, mit l'empire britannique face à des colons européens émigrés d'extraction essentiellement hollandaise, dans un conflit caractérisé des deux côtés par toutes sortes d'abus, et notamment des assassinats de civils et de prisonniers. La bataille allait même devenir si impitoyable que les Britanniques, s'inspirant des méthodes d'un administrateur militaire espagnol de Cuba réputé pour sa cruauté, construisirent des « camps de concentration » pour les Boers. Ces camps furent l'œuvre du général Kirchener, celui-là même qui quelque temps auparavant avait fait rugir avec tant de plaisir ses mitrailleuses Maxim contre les guerriers soudanais, leurs femmes et leurs enfants. Un autre signe de la psychologie singulière de Kirchener était apparu à la conclusion de la campagne soudanaise, quand il avait fait exhumer la dépouille du Mahdi en donnant l'ordre de tout détruire sauf le crâne, dont il avait l'intention de faire un bol ou un encrier. Des esprits plus sensés et plus sensibles finirent par l'en dissuader, et le crâne du Mahdi fut réenterré.

Mais c'est lui qui, plus tard, était secrétaire d'Etat britannique à la Guerre lorsque éclata la Grande Guerre.

Toutes sortes d'ouvrages sont consacrés à la question de savoir comment le cataclysme européen de 1914-18 — une guerre dont, comme pour la guerre de Sécession américaine, les principaux instigateurs pensaient qu'elle ne durerait pas longtemps — a pu dégénérer en un conflit aussi interminable et aussi barbare. Replacée dans le contexte du développement militaire mondial dans les années qui la précédèrent, la violence de cette guerre n'a rien de très surprenant. Herbert Kirchener n'était pas le seul officier européen de haut rang à avoir éprouvé hors de ses frontières les méthodes de la guerre totale ; et l'armée de terre des pays belligérants n'était pas davantage la seule à disposer de vétérans de ce type. Winston Churchill, Premier Lord de l'Amirauté au début de la guerre de 14-18, avait, comme Kirchener, fait ses armes lors de la guerre contre les Boers ; lui aussi avait appris en Afrique du Sud à ne jamais se dérober face aux terribles exigences de la guerre totale. Il était du ressort de l'Amirauté d'exécuter les « décrets-lois » par lesquels la Grande-Bretagne récrivit le droit maritime international pour se donner la permission d'organiser un blocus visant à affamer non seulement les forces armées de l'Allemagne, mais aussi sa population civile. Et quand les Allemands tentèrent de riposter à ce blocus par le seul moyen efficace à leur disposition — l'attaque sous-marine des navires marchands —, Churchill manœuvra pour pousser les sous-marins ennemis à créer un « incident » susceptible de provoquer l'entrée en guerre des Etats-Unis, jusque-là neutres, dans le camp allié. Cet incident finit par se produire avec le torpillage d'un navire de ligne, le *Lusitania* — un épisode que Churchill n'aurait pas pu mieux faciliter s'il avait été lui-même à la barre du navire.

Le blocus britannique comme la contre-stratégie allemande de la guerre sous-marine s'inscrivent parfaitement dans la définition du terrorisme international en tant que guerre dirigée délibérément contre les civils dans le but d'affaiblir le soutien de ces civils à la politique de leur gouvernement ; l'un et l'autre, comme tant de campagnes terroristes, ont atteint leur objectif à court terme mais essuyé un violent retour de flamme à long terme. Car si le blocus britannique a coûté de nombreuses vies civiles à l'Allemagne, ces morts n'ont fait que renforcer la détermination de l'opinion et la rage de vaincre des soldats. Le gouvernement allemand, de son côté, accueillit en héros l'équipage de l'U-Boot qui avait coulé le *Lusitania* ; mais lorsque les foudres de la puissance militaire américaine s'abattirent ensuite sur l'armée allemande, le coût exorbitant de cet attentat et d'autres actes terroristes similaires perpétrés en haute mer devint manifeste. Jamais il n'y avait eu de démonstration aussi claire du fait que la frontière entre la guerre conventionnelle et la tactique d'agression délibérée contre les civils à des fins politiques — autrement dit le terrorisme — avait commencé une fois de plus à s'effacer dans la seule partie du globe qui se fût jamais efforcée de distinguer les deux conceptions.

Les conséquences de cet effacement furent terribles, impressionnantes, et très faciles à percevoir, même par des nations apparemment lointaines et peu concernées.

La carte de l'Europe fut redessinée non seulement à l'échelle macrocosmique par les triomphateurs inconscients de Versailles, mais aussi à l'échelle microcosmique. Des villes et des villages entiers avaient disparu sous les bombardements d'artillerie aveugles contre lesquels s'était élevé Helmuth von Moltke, et la vie civile en général avait subi des agressions qui jusque-là n'avaient jamais été réalisables sur le plan technologique. Surtout si l'on considère le caractère implacable de la plupart des stratégies et tactiques conçues par les commandants militaires de cette guerre, il est difficile de ne pas voir la Première Guerre mondiale comme un exercice de terrorisme à grande échelle : de l'utilisation des gaz toxiques aux meurtres de masse en haute mer, les Européens et les Américains ont violé à peu près tous les codes de guerre qu'eux-mêmes avaient précédemment définis. Bien sûr, ils commettaient déjà ce genre de crimes contre des peuples non occidentaux depuis longtemps ; mais dans la mesure où la plupart de ces peuples n'avaient jamais su à quoi servaient tous ces palabres sur les « règles de la guerre », on peut dire sans risque que la possibilité pour un dirigeant quel qu'il soit — national, tribal, ethnique, ou régional — d'invoquer de façon crédible les instances de régulation internationales de la guerre figure parmi les plus lourdes pertes infligées par la Première Guerre mondiale.

Les dirigeants politiques allaient néanmoins continuer à essayer d'organiser ces instances. Ils se réunirent plusieurs fois à Genève dans les années vingt pour revoir et augmenter les traités de 1864 et de 1906, qui avaient édicté un ensemble de règles concernant le traitement médical des combattants et celui du personnel médical, et avaient déterminé les lois de la guerre navale (règles que les Britanniques s'empressèrent d'enfreindre unilatéralement en 1914). Les nouveaux protocoles déclarèrent hors la loi l'usage d'armes chimiques et biologiques, et définirent un code pour le traitement des prisonniers de guerre. Ils s'abstinrent cependant de fixer des sanctions effectives, et la plupart des nouveaux Etats bâtis sur les ruines des puissances centrales défaites — l'Allemagne, l'Autriche-Hongrie, la Turquie (ou plutôt ce qui restait de l'empire ottoman) et la Bulgarie — ne daignèrent pas les signer. Pour couronner le tout, aucun des peuples dont le pays continuait d'appartenir aux colonies européennes n'eut son mot à dire sur la question — ni la moindre raison valable de prendre ces nobles idées au sérieux.

Mais le résultat le plus significatif de la Première Guerre mondiale en matière de terrorisme fut la création du premier véritable sanctuaire national pour ceux qui souhaitaient apprendre l'usage des tactiques (attentat à la bombe, meurtre et subversion politique) qui le caractérisaient — autrement dit du premier vrai Etat protecteur du terrorisme. Pendant des siècles, les Russes, dont la majorité vivait dans une situation d'asservissement médiéval, avaient subi le joug de cette combinaison particulière de cruauté réactionnaire et d'opulence impériale qu'on appelait le tsarisme. Mais la guerre avait mené à la banqueroute le système tsariste et ouvert la voie à la révolution, puis à l'avènement d'une forme neuve d'oppression gouvernementale violente : le bolchevisme. Bien que chantée par nombre de représentants de la gauche occidentale comme le premier vrai « Etat des travailleurs », l'Union soviétique était de facto une dictature, dirigée par une clique relativement restreinte d'intellectuels autocrates issus de la classe moyenne et de la classe moyenne inférieure. Leur chef vénéré, Lénine, était un homme doté d'un jugement sûr à propos de tous les types de terrorisme, qu'il soit intérieur ou international : « En principe, nous n'avons jamais rejeté la terreur, admettait-il franchement, et nous ne pouvons pas la rejeter. » Mais Lénine, qui voyait aussi où l'usage excessif de la terreur risquait de mener le nouvel Etat, n'hésitait pas à prévenir ses camarades : « Notre devoir est d'avertir le plus énergiquement contre une fascination excessive de la terreur, contre une tendance à la considérer comme le moyen de lutte principal et fondamental, tendance que beaucoup sont enclins à suivre en ce moment. »

Celui qui allait être surnommé le « Grand Prêtre de la terreur » n'exagérait pas. Le nombre de ses émules qui en étaient venus à être fascinés par la terreur au point d'y voir le fondement de leur politique de gouvernement ne tarda pas à devenir si élevé que ces gens-là firent ce qu'il fallait, par leur violence répressive, pour que leur dynastie ne passe pas le siècle. Toutefois, avant sa chute, l'URSS allait offrir un havre où à peu près n'importe qui, à condition de nourrir des vues anti-occidentales et anticapitalistes, était susceptible de recevoir un entraînement physique et mental, ainsi que des armes capables de l'aider à livrer des combats terroristes ou de guérilla. La crainte suscitée dans les démocraties capitalistes occidentales par ce signe — parmi d'autres — du désir soviétique d'exporter la révolution léniniste allait s'intensifier au point que ces pays en vinrent à se laisser séduire à leur tour par une autre forme de terreur ; et le cortège de conflits et de destructions alimenté par ces deux styles de terrorisme concurrents devait continuer à faire rage même après que l'empire soviétique s'est écroulé sous le poids des misères de son propre peuple.

9

« UNE PHILOSOPHIE FONDAMENTALEMENT RÉPUGNANTE »

L'initiative de Woodrow Wilson de constituer la Société des Nations pendant la conférence de la Paix qui siégea à Paris en 1919, puis de convaincre ses compatriotes d'y adhérer, la plus donquichottesque des aventures américaines, a eu de profondes conséquences sur le cours et la conduite du conflit mondial qui a marqué la génération suivante. L'empressement de Wilson à sacrifier presque tout principe à sa quête personnelle du Graal n'eut pas seulement pour effet d'aboutir à la signature d'un traité si défavorable à l'Allemagne qu'elle chercha par la violence à redresser les torts qu'il lui avait fait subir. Autre conséquence de la poursuite aveugle d'un idéal politique, un grand nombre de nations et de chefs d'Etat qui avaient joué un rôle important dans l'effort de guerre — les tribus de la péninsule arabe qui s'étaient soulevées contre l'empire ottoman, l'un des principaux alliés de l'Allemagne, n'étant pas des moindres — virent leur quête de la pleine indépendance compliquée par un imbroglio de mandats, de sphères d'influence et de protectorats européens, masque sous lequel se cachait en réalité l'intérêt nouveau, et plus tard la convoitise, que suscitait le pétrole chez les Occidentaux. En fin de compte, le Sénat américain vida d'une partie de sa substance la SDN, pour laquelle Wilson avait vendu son âme et des millions d'autres à Versailles, en refusant de compromettre suffisamment l'autorité militaire des Etats-Unis pour permettre leur entrée dans l'organisation. Du fait de l'amertume et du mécontentement provoqués partout dans le monde, la Seconde Guerre mondiale (à présent considérée à juste titre par beaucoup comme le prolongement de la Première) allait être encore plus générale que la précédente, qui devait pourtant être « la der des der ».

Le comportement de Wilson à Versailles fut également faussé par une idée toute faite des affaires européennes, et allemandes en particulier, idée que ses alliés britanniques et français étaient trop heureux d'entretenir. Comme beaucoup de ses compatriotes, le président restait persuadé que les maux qui affligeaient l'Europe étaient en grande partie dus au « prussianisme ». Le royaume qui avait été la cheville ouvrière de l'unification de l'Allemagne était, continuait-on de penser, peuplé par une race de gens violents, agressifs, bornés, toujours prêts à attiser de nouveaux conflits et à recourir aux moyens les plus barbares pour remporter la victoire. Cette vision provenait, bien sûr, du comportement des Allemands pendant la Grande

Guerre. Les cliques politiques et militaires qui entouraient l'arrogant et insensé Kaiser Guillaume II avaient volontiers adopté une stratégie (mener la guerre sur deux fronts, contre la France et la Russie simultanément) et une tactique (l'usage de gaz toxiques et le meurtre délibéré de civils, en particulier sous les tirs d'artillerie en Belgique) qui n'étaient en aucune manière conformes à la tradition d'une guerre limitée et progressiste établie par le roi-philosophe Frédéric le Grand. Tradition qui avait fait mûrir les idées de Carl von Clausewitz avant d'être ranimée durant la longue période où Helmuth von Moltke, le maréchal érudit, fut chef de l'état-major. En réalité, au cours de l'histoire, la Prusse a été bien moins souvent coupable de troubler la paix générale de l'Europe que la France, notamment, qui a rarement laissé passer un siècle ou une génération sans mettre à sa tête un roi ou un empereur mégalomane aspirant à l'hégémonie continentale. Mais l'esprit de revanche, en 1919 comme toujours, s'étant révélé plus puissant que la conscience historique, l'armée allemande fut donc réduite à Versailles à sa plus simple expression, l'état-major, essentiellement prussien, dissous, et les négociateurs alliés se félicitèrent mutuellement d'avoir humilié « le Hun ».

Cette tentative d'émasculation aboutit de manière inattendue, et ironiquement, au dernier et plus important avatar de la guerre moderne à la prussienne. Ce n'était pas la première fois qu'un vainqueur imposait à l'armée prussienne une cure d'amaigrissement — Napoléon avait été le dernier en date —, mais elle s'était montrée capable, malgré les limites imposées, de se relever et de faire payer l'insulte. Dans l'entre-deux-guerres, l'état-major prussien n'envisagea pas un soulèvement (seul un groupe d'Autrichiens et de Bohémiens déviants et psychopathes caressa ce rêve), mais il fit le serment de protéger l'Etat allemand ruiné par l'inflation et les « réparations ». Il n'y avait aucune raison de croire que les anciens ennemis de l'Allemagne, la France en particulier, n'annexeraient pas d'autres territoires allemands ou n'extorqueraient pas à la première occasion de nouvelles réparations au peuple allemand affamé, surtout après la crise de 1929. Cependant, l'état-major allemand se trouvait pratiquement démuni sur le plan militaire : il ne disposait que d'une armée minuscule dépourvue d'armes modernes et de toute aviation. Pour qu'elle puisse de nouveau vaincre, il lui fallait, plus encore qu'au cours des deux siècles précédents (à l'exception, une fois encore, de la période hors norme de la Première Guerre mondiale), limiter et préciser ses objectifs politiques et militaires, compter sur l'effet de surprise grâce à des stratégies offensives hardies, éviter la guerre d'usure et les grandes batailles. L'humiliation de Versailles avait donc ranimé l'esprit de Frédéric le Grand : les Allemands mirent au point et appliquèrent un concept stratégique et tactique que le légendaire souverain aurait pleinement approuvé, celui de la *Blitzkrieg*, la « guerre-éclair ».

Le terme est passé depuis dans le langage courant au point de perdre presque tout son sens et son importance d'origine : car la *Blitzkrieg* était, pour simplifier, la guerre moderne progressiste dernier cri, le moyen le plus efficace d'engager une campagne offensive jamais conçu à l'ère industrielle. C'est l'un de ses partisans et théoriciens britanniques de l'entre-deux-guerres,

J.F.C. Fuller, qui l'a le mieux résumée : « Elle consiste à faire de la mobilité une arme psychologique : non pour tuer mais pour se déplacer ; non pas se déplacer pour tuer, mais se déplacer pour semer la terreur, la consternation, le doute, la confusion sur les arrières de l'ennemi, dont la rumeur s'amplifie jusqu'à déclencher une panique monstrueuse. En bref, elle vise à paralyser non seulement l'état-major de l'ennemi mais aussi son gouvernement, et la paralysie sera en proportion directe de la rapidité. »

Conscient de l'immense potentiel de deux armes relativement nouvelles — les divisions blindées et les escadrilles aériennes tactiques —, l'état-major allemand a fabriqué une machine de guerre de faible encombrement et extrêmement maniable. Tout aussi important et conformément à une autre tradition prussienne, il a formé un corps d'officiers cultivés. Les partisans de ce qu'on allait appeler la « guerre mécanisée mobile », dont les écrits passèrent souvent inaperçus dans leur propre pays, trouvèrent des disciples en Allemagne. Le but poursuivi par tous était le même : éviter à l'avenir les horreurs qu'ils venaient de vivre et concilier les progrès incessants des techniques industrielles et les principes établis de la guerre moderne limitée. Cette combinaison avait fait merveille au cours des trois guerres menées par Moltke au XIXe siècle, à l'origine de la suprématie militaire allemande, et elle allait servir encore mieux un régime allemand bien plus abominable lorsque la Seconde Guerre mondiale éclata en 1939.

Malheureusement, les principes novateurs de la *Blitzkrieg* n'intéressaient pas le haut commandement des puissances alliées de la Grande Guerre, enivré par la victoire et dominé par des hommes qui s'étaient fait les dents au cours des sanglants conflits coloniaux et frontaliers. Les propos de Fuller et de ses collègues britanniques, comme Basil Liddell Hart, tombèrent chez eux dans l'oreille de sourds ; l'époque de Drake et de Cromwell était révolue. La situation était pire encore aux Etats-Unis. Du moins y eut-il quelques *théoriciens* importants de la guerre mécanisée mobile dans la Grande-Bretagne de l'entre-deux-guerres, comme il y en eut en France, en la personne du futur président Charles de Gaulle (qui ne fut guère plus écouté par son gouvernement que ses homologues britanniques). Mais les Américains, qui, comme toujours, ne s'intéressaient aux progrès de la technique militaire qu'une fois la guerre déclarée, se contentaient de suivre la tradition de la guerre d'usure et de la guerre totale établie par les états-majors de la guerre de Sécession et des conflits indiens. Quand la Seconde Guerre mondiale éclata, l'armée américaine disposait encore de régiments de cavalerie et, pour la plupart des généraux américains, les tanks n'étaient guère que de l'artillerie autopropulsée.

On ne lâcha la bride aux théoriciens de la guerre-éclair qu'en Allemagne et, même là, le mouvement ne fut ni unanime ni assuré. Beaucoup des officiers les plus âgés jugeaient excessivement risquées la stratégie et la tactique nouvelles défendues avec vigueur par des hommes comme Heinz Guderian, et plus tard par le chef de l'Etat allemand, Adolf Hitler. Bien qu'Hitler ait été contraint par un concours de circonstances et par la pression incessante des prophètes de la *Blitzkrieg* de les laisser appliquer leurs conceptions pendant l'invasion de la Pologne en 1939, il resta sceptique, même après que les divisions blindées allemandes, avec leurs célèbres panzers, eurent remporté la victoire en quelques semaines et à un coût très réduit. La Pologne était un petit pays retardataire, disaient les critiques ; que donnerait la nouvelle forme de guerre contre une grande puissance ? La réponse fut apportée en France au printemps 1940, lorsque les divisions blindées allemandes, soutenues par les unités aériennes tactiques, obtinrent des résultats plus étonnants et plus rapides encore qu'en Pologne. Et pourtant Hitler, bien qu'enchanté par la victoire, restait inquiet. Il y avait quelque chose dans la *Blitzkrieg* qui n'entrait pas dans ses vues et il n'est pas difficile de comprendre ce que c'était.

Entre 1933 et 1940, Hitler a créé l'un des Etats les plus fondamentalement terroristes que le monde occidental ait jamais vus (l'autre étant le voisin oriental de l'Allemagne nazie, l'Union soviétique, dirigée par le successeur de Lénine, Joseph Staline). La destruction de masse était l'essence même de l'éthique nazie : destruction des « impuretés » internes aussi bien que des ennemis extérieurs. La philosophie sous-jacente de la « nouvelle » Allemagne était fantastiquement réactionnaire, inspirée, dans sa vision de la vie humaine notamment, par l'âge des ténèbres. La *Blitzkrieg*, en revanche, quoique fondée sur les idées de Frédéric le Grand et de Moltke, représente une permutation entièrement moderne de leur pensée, une manière inédite de faire la guerre, qui vise non à la destruction physique de l'ennemi mais plutôt à sa défaite. Qui plus est, l'idée venait des militaires et Hitler se méfiait des « Prussiens » presque autant que les Alliés.

(Contrairement à eux, il avait de bonnes raisons de le faire : l'élite militaire prussienne a été le seul groupe en Allemagne qui, conscient du caractère terroriste, génocidaire et suicidaire de tous les projets d'Hitler, a failli réussir à l'assassiner.) Enfin, les concepts militaires prussiens ont toujours été fondés sur l'idée d'objectifs et d'ambitions limitées et spécifiques, une attitude qui de toute évidence ne répondait pas aux buts poursuivis par Hitler. Celui-ci se servit certes de l'armée et de ses nouvelles idées, et l'armée, enflammée à la perspective de rendre sa fierté à l'Allemagne, se prostitua au service d'un homme et d'un parti qu'elle dédaignait. Mais Hitler ne se satisfit jamais vraiment de cet arrangement et, dès qu'il eut la liberté d'en revenir à une tactique moins limitée — une tactique qui lui permît d'exprimer totalement son goût pour la terreur —, il sauta sur l'occasion.

C'est la guerre aérienne contre la Grande-Bretagne en 1940-41 qui lui donna la première fois la possibilité de faire délibérément la guerre non à une armée, mais à une population civile. La deuxième occasion lui fut fournie par le programme, déjà mis à l'essai en Pologne, mais réellement appliqué pendant l'invasion de la Russie en 1941, d'élimination de tous les citoyens des pays conquis qui n'étaient d'aucune utilité dans les camps de concentration nazis ou dans tout autre secteur de la machine allemande de travaux forcés. Tous les officiers allemands qui participaient à la campagne de l'Est savaient que les Russes, juifs et autres étaient abattus sur place ou déportés en masse, et cela suscitait un sentiment de culpabilité que ne purent effacer ni les idées sur la guerre limitée ni les tentatives ultérieures d'assassiner Hitler. Ces tactiques allaient comme toujours à l'encontre du but recherché : le bombardement de Londres et d'autres villes britanniques eut un effet extraordinairement galvanisant sur la population, de même que la campagne d'extermination menée contre les Russes. Autre conséquence prévisible, elles instillèrent en outre un violent désir de revanche et, en assouvissant ce désir — en répondant à la terreur par la terreur —, les Alliés se lancèrent dans des actions qui ne firent que rendre leur victoire plus difficile.

La campagne dite de « bombardement stratégique » — alliance de mots quelque peu surprenante — menée par l'aviation alliée pendant toute la guerre, en particulier au cours des dernières années, avait officiellement pour but d'endommager l'infrastructure industrielle allemande ainsi que celle facilitant les opérations militaires. Mais, en vérité, les commandements alliés n'ont jamais vraiment douté que le bombardement à haute altitude des villes entraînerait d'énormes pertes civiles ; peu leur importait la dimension punitive de la tactique, quand ils ne s'en félicitaient pas. Telle était bien l'attitude du Premier ministre britannique Churchill, de plus en plus indifférent aux pertes civiles : le but qu'il affichait en poursuivant les bombardements aériens était de « brûler et saigner l'ennemi de toutes les façons possibles ».

Là aussi, cette campagne se révéla manifestement contre-productive : au lieu de saper le moral de l'armée et de la population allemandes, elle leur insuffla une volonté nouvelle de résister. Pis encore, ces variations sur le thème général du terrorisme contribuèrent à forger un comportement militaire dont les pays occidentaux, les Etats-Unis en particulier, n'ont pas encore réussi à se défaire. La conviction que l'on pouvait contraindre les Allemands à déposer les armes par des bombardements aériens — la même conviction qu'avaient eue pour la première fois les chefs militaires européens lorsqu'ils disposèrent de canons à longue portée à la fin du Moyen Age et qui continua de les animer pendant le siège de Paris en 1871 et l'absurde guerre de tranchées de 14-18 — s'accordait parfaitement à la tradition militaire américaine établie pendant la plupart des campagnes de la guerre de Sécession, caractérisées par des batailles d'usure insensées qui ne produisaient généralement aucun effet stratégique décisif et n'aboutissaient qu'à affermir la résistance de l'ennemi. Un certain nombre de généraux américains finirent certes par s'adapter à la guerre moderne mécanisée sur le théâtre européen des opérations pendant la Seconde Guerre mondiale, surtout lors de la course-poursuite à travers la France qui suivit le débarquement en Normandie et durant la conquête de l'Allemagne. Les hommes et les officiers obtinrent d'aussi bons résultats au cours de ces campagnes américaines que les autres unités de blindés alliées ou ennemies, mais ces épisodes ne furent que des exceptions remarquables et stratégiquement essentielles à la règle néfaste de la lente avance linéaire, ponctuée par des manœuvres tactiques brutales et inefficaces comme le largage de bombes incendiaires sur des villes allemandes, notamment sur Dresde en 1945, bombardement qui fit plus de cent mille morts.

Ainsi, aux yeux des observateurs extérieurs pour qui la liberté et la lutte pour la retrouver étaient des notions étrangères (notamment, comme nous l'avons vu, des factions et des pays d'Asie, d'Afrique et d'Amérique du Sud), le principal enseignement de la guerre européenne fut que les Occidentaux étaient capables de faire la guerre sans chercher à détruire les populations civiles mais que leur caractère violent et revanchard les en empêchait la plupart du temps.

La guerre menée par les Alliés contre le Japon ne fit que renforcer cette impression. Les horreurs perpétrées par l'Empire du Soleil levant non seulement dans la ville de Nankin mais aussi dans une grande partie de la Chine dans les années qui précédèrent l'entrée en guerre des Américains étaient quelque chose de nouveau, même pour les Chinois. Bien qu'habituée à subir de terribles pertes humaines pendant les guerres civiles, la population chinoise n'avait pas été soumise à une terreur aussi systématique depuis les invasions mongoles. C'est à cause de la campagne japonaise en Chine, dont les images furent diffusées dans le monde entier, que l'armée du Japon fut à juste titre considérée un peu partout comme une véritable « horde », pour laquelle la distinction entre soldats et civils ennemis n'existait pas. Et, lorsque l'armée japonaise attaqua la flotte américaine dans le Pacifique le 7 décembre 1941, l'agression suscita aux Etats-Unis la confusion et la peur d'une menace extérieure comme ils n'en avaient pas connu depuis l'incendie de Washington en 1814.

Du fait que les agresseurs appartenaient à une autre ethnie, que leurs coutumes étaient radicalement différentes de celles des Occidentaux (bien qu'ils aient imité l'Occident à maints égards, notamment sur le plan militaire), le choc de cultures impliqué par la guerre des Américains contre le Japon parut bien plus violent qu'il ne l'avait été avec les Britanniques ou même avec l'Allemagne nazie. Pour beaucoup d'Américains, la profondeur de cette différence était symbolisée par le choix qu'avaient fait les Japonais d'une attaque surprise. Si les Etats-Unis avaient connu de telles offensives à différents moments de leur expansion et de leur ascension au rang de puissance mondiale, Pearl Harbor leur sembla particulièrement choquant et menaçant, plus même que les attaques nocturnes et les raids meurtriers des tribus de Peaux-Rouges pendant les guerres contre les Indiens ou le torpillage du *Maine* en prélude de la guerre hispano-américaine. En fait, pendant les onze mois qui suivirent Pearl Harbor, le sentiment d'avoir été agressé par un ennemi puissant et mystérieux surgi de l'autre bout du monde plongea l'Amérique dans un état comparable à celui où elle se trouva après le 11 septembre : désorientée, essayant de rassembler ses forces sans trop savoir comment et pas du tout certaine de sortir intacte de la tempête.

La peur instillée chez les Américains par Pearl Harbor s'amenuisa à mesure que la guerre dans le Pacifique et en Europe tournait à leur avantage, mais le sentiment d'avoir été pris au dépourvu par des gens si différents d'eux persista. Ils ripostèrent rapidement avec une violence égale, voire supérieure : en avril 1942, une petite escadrille de bombardiers commandée par le lieutenant-colonel James Doolittle frappa Tokyo et des villes de moindre importance pour tenter de remonter le moral des Américains et de montrer aux Japonais qu'eux non plus n'étaient pas à l'abri d'attaques aériennes surprises. Cependant, si l'offensive japonaise sur Pearl Harbor avait été une attaque surprise lancée par des forces armées dont la sauvagerie était avérée, elle avait pour cible des installations militaires. Il y avait certes eu des pertes et des dommages collatéraux, mais ils s'étaient limités à cela. En revanche, les raids de Doolittle, qui visaient officiellement des cibles militaires et industrielles, avaient en réalité pour but le largage de bombes incendiaires sur des zones urbaines et suburbaines : ils provoquèrent inévitablement la mort de civils, alors que les dommages à réelle portée stratégique demeurèrent très limités. En vérité, dès le départ, l'objectif de ces raids avait été de saper le soutien civil à l'effort de guerre japonais, ce qui est la définition même du terrorisme. De même, les largages de bombes incendiaires de bien plus grande envergure sur les villes allemandes et un grand nombre d'autres actions punitives à longue distance montraient que les Etats-Unis et leurs alliés étaient parfaitement capables d'adopter un comportement auquel ils prétendaient essayer de mettre fin. La vieille logique suivant laquelle, face à un ennemi « voyou », on devait le devenir aussi, avait refait surface et allait perdurer.

A la fin de la Seconde Guerre mondiale, il y eut un moment où les Etats-Unis auraient pu décider d'ignorer les préceptes d'une telle philosophie. C'était, il va sans dire, au cours du débat sur la question du lancement de la bombe atomique et du lieu de son largage. Malgré tous les arguments soulevés, la réponse à la première question n'a jamais vraiment fait de doute. Quant à la seconde, le président Harry Truman a insisté pour que la bombe soit larguée sur une cible militaire et non civile, comme l'avaient été celles du 7 décembre 1941, mais, pour des raisons qui n'ont jamais été tout à fait éclaircies, elle l'a finalement été sur Hiroshima, une ville peuplée de plusieurs centaines de milliers de civils et d'une dizaine de milliers de militaires seulement. (Nagasaki, cible de la deuxième bombe, présentait une valeur stratégique à peine supérieure.) On peut toujours arguer que les bombardiers américains avaient déjà détruit toutes les installations militaires japonaises importantes et qu'il n'en restait plus que des secondaires, comme Hiroshima et Nagasaki, mais on peut aussi soutenir que le choix de ces deux villes témoignait du caractère revanchard de la terreur. (Cet argument gagne en crédibilité quand on considère les largages massifs de bombes incendiaires effectués par les Américains sur les villes japonaises dans les derniers mois de la guerre.)

Le plus frappant, à bien des égards, n'est pas qu'on ait utilisé les armes atomiques contre le Japon mais que relativement peu de gens aient ensuite mis en question la justice ou la moralité de cette utilisation. La prise de conscience des effets de la bombe suscita certes un sentiment de crainte dans le monde entier, mais le fait que les Japonais en aient été les victimes souleva étonnamment peu d'objections. D'aucuns ont mis cette attitude sur le compte du racisme, affirmant inconsidérément que les Américains n'auraient jamais lancé ces bombes sur l'Allemagne, alors que, avant sa mort, Franklin Roosevelt avait clairement laissé entendre qu'il était prêt à le faire. Les protestations qu'aurait provoquées la même punition infligée à l'Allemagne auraient sans doute été aussi faibles et pour la même raison : les deux pays étaient non seulement des Etats terroristes, mais aussi des Etats terroristes expansionnistes, et leur triste sort (car les bombes incendiaires ont eu des effets aussi horribles sous bien des aspects que l'attaque nucléaire) a été considéré comme une juste punition par l'immense majorité des citoyens de la planète, surtout par ceux qui avaient le plus souffert entre leurs mains.

Il est d'autant plus remarquable que, après avoir mis l'Allemagne et le Japon à genoux, les Etats-Unis aient décidé de reconstruire ces deux pays. Le plan Marshall pour l'Europe et les mesures similaires appliquées au Japon sous la houlette du général Douglas MacArthur comptent parmi les actions, non seulement civiles mais aussi militaires, les plus généreuses de l'histoire du monde et sont la meilleure preuve qu'il ne faut jamais répondre à la terreur par la terreur. Car, à la suite de cette générosité sans précédent, l'Allemagne (du moins la partie du pays sous contrôle occidental) et le Japon se joignirent au concert des nations civilisées. La décision de l'Amérique de se montrer magnanime dans la victoire racheta en partie la cruauté des bombardements des populations civiles par les Alliés et permit au Japon et à l'Allemagne de l'Ouest de faire face eux aussi à la menace que la Russie de Staline, l'ancienne alliée devenue, et pour longtemps, l'implacable ennemie sur le plan idéologique, faisait planer sur l'Occident.

La lutte contre la politique de terreur incontestablement expansionniste de Staline allait malheureusement avoir les mêmes effets délétères sur les nations de l'alliance occidentale, le pire étant la réapparition et le renforcement d'un comportement sujet à caution dont le plan Marshall avait temporairement marqué l'abandon. Au cours de la bataille imminente contre le communisme mondial, l'Occident allait s'enliser dans ce comportement négatif pour combattre l'ennemi. Par là, il ne fit que se dévaloriser aux yeux de nombreuses nations restées en marge des « affaires mondiales ».

Les Etats-Unis furent à l'origine de cette tendance préjudiciable comme de toutes les évolutions et entreprises occidentales de l'après-guerre. Dès qu'il apparut avec évidence que Staline avait l'intention de saper les intérêts de l'Amérique et de ses alliés (chaque fois qu'il pouvait le faire sans mettre en danger son pouvoir et la puissance de la nation), la profonde inquiétude des Américains liée à Pearl Harbor, que la victoire n'avait pas réussi à apaiser, trouva un nouveau foyer. La tâche qui attendait l'Amérique et ses alliés occidentaux semblait évidente aux yeux de beaucoup : après avoir débarrassé le monde de deux formes de totalitarisme expansionniste, il leur fallait maintenant le débarrasser de son nouvel avatar et de tous ceux qui pourraient surgir dans l'avenir. Il fallait chasser cette menace pour que puisse se développer la liberté, terme de plus en plus galvaudé dans l'après-guerre. Ses principaux ingrédients comprenaient, semble-t-il, non seulement (et pas nécessairement) la démocratie, mais aussi le capitalisme et un commerce international sans entraves : la composante économique du prosélytisme politique américain, toujours présente mais jamais de manière aussi flagrante, prenait une importance considérable. Compte tenu de la forme nouvelle de lutte pour l'extension du capitalisme démocratique occidental, il pouvait s'avérer de nouveau nécessaire, affirmaient certains dirigeants, d'adopter la tactique de l'ennemi, comme il avait été « nécessaire » de l'adopter contre l'Allemagne nazie et le Japon impérial.

Cette logique fut acceptée par les leaders occidentaux de l'après-guerre sans qu'il y ait d'opposition importante et cohérente. Aux Etats-Unis, un nouvel ensemble d'agences gouvernementales fut rapidement créé et les anciens ministères furent réorganisés pour servir la cause de ce qu'on appela la « sécurité nationale ». Le concept était l'obsession — et, selon ses propres termes, le « fétiche » — de James Forrestal, un homme mystérieux, intelligent, bourru, ancien secrétaire à la Marine sous Franklin Roosevelt et Harry Truman. Forrestal avait une peur des communistes en général et des Russes en particulier qui devait dégénérer en schizophrénie paranoïaque ; avant d'en arriver à ce stade, il avait poussé plus que quiconque à Washington au vote de la loi sur la sécurité nationale de 1947. En vertu des termes de cette loi, le département à la Défense fut créé (Forrestal fut son premier secrétaire), et la CIA (Central Intelligence Agency, les services d'espionnage) et le Conseil national de sécurité (politique étrangère et défense nationale) furent agréés. C'étaient et ce sont toujours les trois volets de l'« Etat de sécurité nationale », un gouvernement parallèle qui échappe à la sanction et au regard inquisiteur des électeurs, censé s'occuper exclusivement des questions de sécurité — ce qui revient, après 1947, à lutter contre le communisme et la subversion inspirée par les Soviétiques.

Les abus et les dangers potentiels inhérents à ces nouvelles structures étaient évidents dès le départ : en prônant la création de ces trois organismes étatiques, Forrestal avait évoqué la nécessité de combattre l'« agression » soviétique en des termes qui faisaient écho à la Convention de la Révolution française et au discours de Clausewitz. « Nous devons mettre à contribution l'ensemble de notre potentiel guerrier, nos mines, notre industrie, notre main-d'œuvre, nos chercheurs et toutes les activités qui participent de la vie civile normale, déclara-t-il. L'effort doit être général. » L'état d'esprit qui régnait dans le pays, toujours sous le coup de Pearl Harbor, était en accord avec cette façon de penser. Il est vrai que des hommes d'Etat de plus grande envergure et plus rassis que Forrestal exprimaient parfois leurs inquiétudes. Dean Acheson, par exemple, l'incisif secrétaire d'Etat de Truman, rapporte qu'après avoir pris connaissance du projet de création de la CIA, il eut de « graves appréhensions » et avertit le président sans mâcher ses mots qu'une fois cet organisme mis en place, ni lui « ni qui que ce soit d'autre ne sera[it] en mesure de savoir ce qu'il fait ou d'exercer sur lui un contrôle ». Mais Forrestal et son camp exploitèrent adroitement la nervosité de la nation, et le Congrès porta sur les fonts baptismaux le nouvel appareil de sécurité national — les instruments grâce auxquels l'Amérique allait rivaliser avec ses ennemis, répondant à leurs manœuvres par d'autres tout aussi louches.

La création de ces puissantes organisations affectées à la sécurité publique rassura sans doute beaucoup d'Américains, mais malheureusement pas Forrestal. Les milliards de dollars dépensés sans compter et souvent sans explication au cours de leurs deux premières années d'existence ne contribuèrent en rien à entamer la conviction toujours plus profonde du secrétaire à la Défense que les machinations de Staline en vue de saper les fondations de l'Occident en général et de l'Amérique en particulier portaient leurs fruits. Il apparut bientôt évident aux yeux de ceux qui connaissaient Forrestal ou travaillaient avec lui que ses terribles craintes n'étaient en fait que le produit de l'imagination, si ce n'est d'un idiot, à tout le moins d'un individu très perturbé et que, si elles n'étaient pas tout à fait injustifiées, elles étaient bien moins fondées qu'il ne le laissait croire. Le président Truman releva Forrestal de ses fonctions, après quoi celui-ci connut un grave accès de paranoïa, persuadé qu'une coalition de communistes, de juifs et d'autres membres de l'administration Truman « en avaient après lui ». On le persuada d'entrer à l'hôpital militaire de Bethesda où, après avoir ruminé de sombres pensées sur l'état du monde et la place qu'il y occupait, il se jeta une nuit par la fenêtre du dernier étage.

La machinerie supervisée par Forrestal lui survécut et accomplit la tâche qu'il lui avait confiée : le département de la Défense maintint la nation sur le pied de guerre, le Conseil national de sécurité se chargea de l'exécutif en détournant à son profit les attributions diplomatiques traditionnelles (et constitutionnelles) du département d'Etat, et la CIA prépara et exécuta toutes les opérations clandestines qu'elle jugeait nécessaires pour contrecarrer les complots et les agents de l'ennemi. (Il lui arrivait même de prendre le temps de rassembler et d'analyser des renseignements.) Il y avait de bonnes raisons de penser que l'une de ces trois organisations, dans son zèle à assurer la sécurité des Etats-Unis, pourrait dépasser les bornes et pousser le gouvernement américain à prendre de fâcheux engagements à l'étranger. Dès l'origine, ce fut la CIA qui présenta le plus grave danger à cet égard.

Elle hérita de son précurseur du temps de la guerre, le Bureau des services stratégiques, dans lequel beaucoup de ses agents avaient servi, une forte tendance interventionniste qui lui faisait préférer l'action en sous-main à son rôle d'agence de renseignement. Une continuité de style devint bientôt évidente. En 1953, elle veilla à la destitution du Premier ministre iranien Mossadegh, censé être trop proche des Soviétiques, et renforça la position du shah, chef de l'Etat contesté. L'année suivante, elle appliqua le même traitement au Guatemala, où elle organisa un complot presque comique pour renverser le chef d'Etat de gauche. Le président américain de l'époque, Dwight Eisenhower, ne s'opposait pas à ces manœuvres pourvu que la CIA le tînt au courant des événements imminents d'une importance critique, mais on avait déjà des raisons de croire que la CIA ne prenait pas sa fonction de recherche et d'analyse de renseignement aussi au sérieux que ses aventures à l'étranger. Ainsi, elle se montra incapable de prévoir le blocus soviétique de Berlin Ouest en 1948 et l'invasion de la Corée du Sud par la Corée du Nord en 1950. Elle sous-estima ensuite la possibilité de l'entrée en guerre de la Chine communiste dans ce pays. Ces erreurs ont entraîné d'énormes pertes pour les Américains mais, quand on rappelle ces faits, les défenseurs de la CIA ne manquent pas de mettre en avant ses « succès » en Iran et au Guatemala, dont le seul effet réel a été d'aliéner des fractions importantes de la population de ces pays. Des rumeurs accusatrices plus graves, de plus en plus nombreuses au fil des ans, circulèrent à propos de la CIA : elle entraînait des guérillas anticommunistes dans diverses régions du monde, tentait de déséquilibrer l'économie de pays dont l'opposition à Moscou manquait d'ardeur et formait même des tueurs pour éliminer les leaders de gauche, ou simplement indépendants, de pays étrangers.

Bref, la CIA commençait à ressembler fâcheusement à une organisation terroriste étatique.

En 1956, Eisenhower, bien qu'il ait été au fait de nombreuses activités de la CIA et en ait approuvé au moins quelques-unes, s'inquiéta de l'orientation générale de ses agissements et des critiques qu'ils suscitaient au point de commander un rapport sur ses opérations secrètes. Avec un à-propos historique suprême, la tâche fut confiée à James Doolittle en personne, le lieutenant-colonel de l'armée de l'air qui, en 1942, avait fait connaître aux Japonais la version américaine de l'expédition punitive romaine. Les termes de ses conclusions ne pouvaient être plus compatibles avec l'action terroriste qu'il avait menée contre la population japonaise à titre de représailles pour les crimes commis par un empereur et une armée sur lesquels elle n'avait absolument aucun pouvoir de contrôle.

« Il est maintenant évident que nous affrontons un ennemi implacable dont le but avoué est la domination mondiale par n'importe quel moyen et à n'importe quel prix, écrivait Doolittle, élevé au grade de général de corps aérien. Ce jeu ne comporte aucune règle. Les normes de comportement humain jusqu'ici acceptées ne s'appliquent plus. Si l'on veut que les Etats-Unis survivent, il faut réviser le concept américain traditionnel de "fair play" [...] Il peut se révéler nécessaire que le peuple américain prenne connaissance de cette philosophie fondamentalement répugnante, la comprenne et la soutienne. »

Le rapport se résumait à la reconnaissance officielle de ce qui avait été présenté à l'origine au public américain comme une organisation destinée à permettre à ses dirigeants d'être mieux informés sur la nature et les visées des ennemis avérés et éventuels de la nation et qui était devenu, comme l'avait prédit Dean Acheson, une force parfaitement opérationnelle échappant au contrôle de tous les membres du gouvernement, y compris le président. Le ton du rapport reflétait en outre une attitude inquiétante — en fait, une peur inexplicable et tenace — des leaders américains : elle consistait à penser que, s'ils avaient à choisir, la plupart des citoyens de la planète opteraient pour les valeurs soviétiques de préférence aux valeurs américaines, sauf à les convaincre ou les contraindre activement de faire le contraire.

Pendant le demi-siècle suivant, la CIA continua de consacrer d'énormes quantités d'énergie et d'argent à des opérations clandestines tout en passant à côté d'évolutions essentielles et de grande envergure : le fossé qui s'était creusé entre la Chine communiste et l'Union soviétique dans les années cinquante et soixante, la décomposition de l'empire britannique et la montée en puissance d'importants mouvements politiques autochtones dans ses anciennes colonies, l'essor économique du Japon et de l'Europe occidentale : autant de changements fondamentaux à l'échelle mondiale que la CIA se montra incapable de prévoir ou d'apprécier convenablement. Elle persista à concentrer son attention sur des manœuvres de portée limitée, dont beaucoup eurent des effets simplement embarrassants, certaines — comme le fiasco de la baie des Cochons à Cuba en 1961 — mettant effectivement en péril le prestige et les intérêts américains. De plus, les rumeurs accusatrices continuaient de courir : à propos de seringues empoisonnées envoyées pour supprimer un leader congolais indésirable, d'opérations conjointes avec la mafia pour éliminer Fidel Castro, de tueurs qui, une fois la besogne accomplie, détruisaient toutes les preuves de leurs liens avec la CIA, d'entraînement paramilitaire de groupes anticommunistes, sans qu'aucun compte soit tenu du régime ou de la philosophie politique qu'ils pouvaient défendre.

De plus en plus critiquée à cause de ses échecs, la CIA recourait à une excuse bateau : lorsqu'une des opérations échouait, expliquaient invariablement ses dirigeants, le public le savait, mais les succès de l'agence étaient toujours gardés secrets. Le fait que plusieurs directeurs de la CIA n'aient jamais eu d'ennuis en discutant ouvertement de ces succès ne semblait pas venir infirmer cette explication. La CIA poursuivait ses opérations calamiteuses en toute impunité tout en confirmant l'impression donnée par les Etats-Unis durant la Seconde Guerre mondiale : celle d'un pays qui savait comment mener une guerre limitée progressiste mais choisissait trop souvent de ne pas le faire.

Leurs forces armées conventionnelles ne faisaient certes rien pour effacer cette impression. Dans cette perspective, il n'est pas difficile de suivre le chemin de l'armée américaine jusqu'à son nadir stratégique, tactique et moral, la guerre du Viêtnam. Son goût pour les bombardements stratégiques, aiguisé en Allemagne et au Japon, la conduisit à créer une flotte énorme — et énormément coûteuse — de bombardiers B-52, dont les commandements étaient impatients de prouver que les ennemis des Etats-Unis pouvaient être réduits à merci à une distance confortable sans que les soldats américains subissent aucune perte. Les unités terrestres continuaient elles aussi de se reposer sur les succès qu'elles avaient remportés en Europe et construisaient des chars de plus en plus gros et perfectionnés, appelés à n'être d'aucune utilité dans les régions accidentées qui étaient d'ordinaire les champs de bataille entre les sphères d'influence américaine et soviétique, tout en se refusant à développer des unités non conventionnelles importantes grâce auxquelles il aurait été possible de combattre et d'opérer dans ces régions. La guerre non conventionnelle était en réalité laissée aux forces spéciales qui avaient toujours fait figure d'élite et donc joué un rôle à part dans l'armée américaine moderne. L'idée que la guerre avait changé de forme dans un monde partagé entre deux superpuissances et des dizaines de puissances de moindre importance — qu'elle en était en fait arrivée à ressembler davantage aux guerres coloniales du XIXe siècle qu'aux guerres mondiales du XXe — ne réussit jamais à avoir réellement prise sur l'état-major de l'armée américaine.

L'Amérique s'engagea ainsi progressivement mais délibérément en Asie du Sud-Est, avec ardeur mais mal préparée, persuadée qu'elle avait une mission importante à remplir mais inconsciente du fait que cette mission était en grande partie une création de son imagination travaillée par ses inquiétudes persistantes. Dans cette guerre pour laquelle ils n'avaient pas été convenablement entraînés, les militaires américains s'acquittèrent de leur tâche avec un courage et une détermination remarquables, compte tenu de la désorganisation, de la confusion stratégique et conceptuelle qui régnaient chez leurs supérieurs, du chaos qui les entourait, sans parler de la foi et du génie de l'ennemi qu'ils affrontaient. Les leaders de la cause nord-vietnamienne, Ho Chi Minh et le chef de son armée, Vo Nguyen Giap, deux des plus grands as de la guérilla et de la guerre psychologique que le monde ait jamais connus, étaient également, dans leur région, maîtres de la tactique terroriste. Leur perspicacité fut confirmée par le fait qu'ils ne semèrent jamais la terreur sur le sol des Etats-Unis, tactique qu'il eût été assez facile d'appliquer (comme nous l'avons récemment constaté à nos dépens), mais qui aurait eu pour effet de faire peser sur leurs têtes tout le poids de la machine de guerre américaine. Ho Chi Minh savait que son pays était en train de gagner la guerre : le Viêtnam-du-Nord et le Viêt-công sapaient lentement la patience et la volonté des Américains, et tandis que beaucoup d'entre eux étaient découragés par les pertes subies, d'autres avaient honte et s'alarmaient de la tactique de plus en plus terroriste de leur armée et de leurs services secrets.

Car, quoi qu'on puisse dire par ailleurs de l'effort des Etats-Unis au Viêtnam — de l'extraordinaire courage de nombreux soldats américains et des bonnes intentions qui animaient beaucoup d'hommes et de femmes —, les ordres donnés par un grand nombre de leurs officiers supérieurs et le comportement de leurs services de renseignement (surtout, une fois de plus, de la CIA) caractérisaient effectivement une guerre menée contre des civils dans des buts politiques. Le bombardement intensif du Viêtnam-du-Nord et l'utilisation du napalm dans toute la région, les bombardements secrets et les incursions au Cambodge, manœuvres favorites de Henry Kissinger et de Richard Nixon, le programme d'assassinats Phoenix, dont l'ampleur, les buts véritables et les victimes ne seront peut-être jamais connus mais qui était tristement célèbre au Viêtnam-du-Sud comme du Nord, tout cela participait d'une tactique visant à briser la volonté de combattre des Viêtnamiens. Cependant, étant de nature terroriste, ces actions eurent exactement l'effet inverse. (Très peu d'hommes d'Etat américains, parmi eux l'omniprésent Henry Kissinger, ont pris conscience du caractère inévitable de ce résultat. Kissinger affirme avoir recommandé avec insistance que le bombardement stratégique du Cambodge par les B-52 ne soit pas dirigé contre des cibles civiles, recommandation remarquable soit par son hypocrisie, soit par le fait qu'un historien formé à Harvard puisse ne pas savoir qu'il est *impossible* que des campagnes de bombardements stratégiques ne fassent pas de victimes civiles.)

La principale raison de la défaite des Etats-Unis au Viêtnam ne tient ni à l'insuffisance de leur effort militaire ni à l'incapacité de leurs soldats ni même à la supériorité de l'ennemi. Car l'effort était énorme, les soldats se sont bien battus et les Nord-Vietnamiens ont eux-mêmes reconnu que, en dépit de leur acharnement et de la qualité de leur commandement, ils n'auraient pas gagné la guerre si le moral de la population américaine ne s'était pas détérioré. Et cette détérioration n'était pas due à l'influence des médias ou à quelque affaiblissement social, mais au fait que des dirigeants comme John Kennedy, Lyndon Johnson, Richard Nixon et Henry Kissinger ont suivi le conseil de James Doolittle et adhéré à une philosophie « répugnante » et contre-productive. Ils étaient devenus des terroristes, et cela à cause d'une erreur de perception politique. Car lorsque le Viêtnam-du-Nord l'a finalement emporté, aucune troupe communiste ne débarqua sur les côtes de Hawaï, comme l'avait un jour prédit Lyndon Johnson en public. On se retrouvait simplement avec un Viêtnam réunifié (qui allait, après un certain temps, manifester un énorme appétit pour les biens de consommation américains), un grand nombre de morts parmi les civils et les militaires, et l'impression de plus en plus forte dans la communauté internationale que les Etats-Unis n'avaient aucun scrupule à répondre à la terreur par la terreur.

Cette impression fut à l'origine d'un profond ressentiment dans de nombreuses régions du monde, où l'on rejette la justification que persistent à donner les Américains (et plus généralement les Occidentaux) de leur tactique choquante en arguant qu'ils y ont recouru au nom de la liberté. Dans ces régions, une réaction nouvelle à la puissance militaire écrasante de l'Occident commença à se dessiner, surtout après la guerre du Viêtnam : un type de guerre illimitée particulièrement odieux que l'on n'allait pas tarder à qualifier de terrorisme politique international.

10

« SERRER LA MAIN DES ASSASSINS »

Le XXe siècle a donc été dominé par une forme de conflit international à caractère illimité et populaire, apparue d'abord durant la Révolution française. A aucun moment entre la mort de la reine Victoria en 1901 et l'aube du IIIe millénaire on n'a assisté à une tentative internationale digne de ce nom de faire appliquer les divers codes de conduite militaire élaborés par plusieurs conférences de Genève, puis par les Nations Unies. Presque tous les pays du monde se sont appuyés sur le précédent établi par la Grande-Bretagne en 1914, en remaniant ou en rejetant toutes les dispositions des accords susceptibles d'entraver la recherche de leur « sécurité nationale », réelle ou supposée. Tel a été l'exemple donné par les grandes puissances aux petits pays et vice versa : les nobles idéaux exprimés dans les pactes sont louables, mais la guerre est la guerre et, pour reprendre les termes de William Tecumseh Sherman, « elle ne peut être réformée ».

Le fait que cette déclaration soit erronée — que les paroles de Sherman soient, comme il l'a reconnu lui-même, plus une rationalisation a posteriori de son comportement que la révélation de la nature fondamentale de la belligérance — a échappé à presque tous les leaders du XXe siècle. Pis encore, les conceptions trompeuses auxquelles a donné naissance la guerre totale ont poussé beaucoup de nations et d'organisations à adopter des politiques et des pratiques qui se sont révélées extrêmement autodestructrices. L'histoire militaire nous apprend que la guerre peut en fait être humanisée, « réformée », pourvu que cette réforme tende à la réalisation plus complète des objectifs politiques des belligérants. Ni Oliver Cromwell, ni Frédéric le Grand, ni aucun des premiers dirigeants des Temps modernes qui ont fait progresser la guerre vers une forme moins barbare n'a fondé ses principes uniquement sur les préoccupations d'ordre moral qui animaient saint Augustin et Grotius. La réforme de la guerre permettait plutôt à ces dirigeants séculiers et pragmatiques d'atteindre leurs objectifs plus rapidement, plus complètement et à un moindre coût. De même, des tactiques égoïstes et en même temps limitées et progressistes auraient permis aux générations suivantes de militaires d'obtenir les mêmes résultats : il n'y a aucune raison que les généraux de la guerre de Sécession, entre autres, n'aient pas tiré d'enseignements des exemples historiques comme l'ont fait Cromwell, Frédéric le Grand et le Prussien Helmuth von Moltke, si ce n'est que les Américains étaient prisonniers d'une tradition nationale de guerre illimitée, qui avait pour corollaire un manque d'imagination en matière d'art militaire.

A mesure que l'on suivait leur fâcheux exemple, une deuxième erreur relative à la nature de la guerre totale, peut-être plus pernicieuse encore que la première, faisait son chemin dans les esprits. La Révolution française avait établi un précédent, celui d'un conflit illimité qui était en même temps une guerre populaire. Par nature, les guerres populaires ont tendance à être totales, car il y a peu de chances que des gens qui se battent pour défendre une cause qui leur tient à cœur se soumettent à la discipline rigoureuse nécessaire pour respecter les contraintes d'une guerre limitée. (Même s'il est possible de former des soldats disciplinés, la charge affective de la cause défendue risque fort d'influencer leur comportement sur le champ de bataille autant que leur formation, comme ce fut le cas au cours de la Seconde Guerre mondiale pour les troupes des Alliés et celles de l'Axe, qui furent coupables de fréquents manquements à la bonne conduite militaire, notamment d'exécutions sommaires de prisonniers.) Mais si toutes les guerres populaires sont illimitées, est-il vrai pour autant qu'inversement toutes les guerres illimitées sont des guerres populaires ? Cette logique est si tentante qu'elle a mené bien des pays et des peuples au désastre car elle est en outre entièrement et tragiquement fallacieuse.

L'exemple le plus parlant de sa fausseté a été donné au XXe siècle par l'Irlande, et il a été suivi un nombre incalculable de fois par des pays des cinq continents. Les siècles postérieurs aux exploits cruels et peu judicieux de Cromwell sur cette île ont vu s'accroître et s'affermir l'autorité protestante britannique sur la population locale à majorité catholique. Les lois qui gouvernent l'Irlande sont devenues de plus en plus discriminatoires, et bien qu'il y ait eu des insurrections épisodiques — dont l'une, à la fin du XVIIIe siècle, inspirée par la Révolution française —, la plupart, si ce n'est toutes, ont été réprimées avec une brutalité digne de Cromwell. Le comportement de Londres pendant la grande famine des années 1840 peut être qualifié de génocidaire, même si, le plus souvent, il n'a été que dur. Cette dureté a cependant suffi à déclencher les actions violentes des Fenians, un mouvement auquel adhéraient non seulement des Irlandais mais aussi des Américains d'origine irlandaise, dont l'ardeur ne pouvait se comparer qu'à leur habileté et à leur efficacité.

A la fin du XIXe siècle et au début du XXe, le mécontentement des insulaires fut canalisé de manière plus constructive par le Parti nationaliste irlandais, qui, lorsque éclata la Grande Guerre, comptait environ quatre-vingts sièges au Parlement. Le PNI réclamait avant tout le Home Rule (l'administration de l'Irlande par les Irlandais dans le cadre du Commonwealth, en prélude à l'indépendance), ainsi que des droits particuliers pour diverses catégories d'Irlandais, en particulier les métayers qui travaillaient pour des propriétaires terriens britanniques et protestants dans des conditions honteusement injustes et malsaines. En 1914, le PNI semblait sur le point d'obtenir le statut d'« Etat libre » pour l'Irlande du Sud catholique, mais le déclenchement des hostilités entraîna la suspension des négociations, le parti ayant voté en faveur de la participation à la lutte contre les puissances centrales.

En 1916, quelque soixante mille Irlandais étaient sous les drapeaux en France. Cependant, les groupes radicaux extérieurs au PNI qui faisaient depuis longtemps campagne pour l'indépendance de l'Irlande ne voulaient pas donner priorité au combat sur le continent. Aux premières heures du dimanche de Pâques, les membres de trois groupes extrémistes — l'Irish Republican Brotherhood (IRB) et deux organisations auxiliaires, le Sinn Féin et les Volontaires irlandais —, qui avaient constitué une armée clandestine, prirent position aux points stratégiques du centre de Dublin, en particulier à la poste principale. Ils proclamèrent la fin du gouvernement par Londres et la création d'une République irlandaise indépendante. L'appel fut ignoré. L'immense majorité des Dublinois et des Irlandais n'étaient pas disposés à affronter la police et les troupes d'occupation. Certains s'indignèrent même de la présomption des radicaux à parler en leur nom. Le *Freeman's Journal*, un quotidien nationaliste, stigmatisa ce qu'il qualifiait d'« agression armée contre la volonté et la décision de la nation irlandaise, constitutionnellement établies par le truchement de ses véritables représentants ». La « révolte de Pâques » fut écrasée, ses chefs jugés. Les Britanniques commirent alors une terrible erreur.

L'insurrection n'avait bénéficié que d'un soutien limité et le mieux était de mettre ses chefs sous les verrous sans faire de vagues, mais Londres laissa prononcer des peines plus sévères. Elle permit aux commandants militaires de Dublin de traduire en conseil de guerre et de fusiller les meneurs, acte qui fut considéré comme un affront, même par les citoyens irlandais modérés. Pour

George Bernard Shaw, la Grande-Bretagne « canonisait les prisonniers », et il n'exagérait pas. Les Irlandais avaient maintenant leurs martyrs de la cause nationaliste et, de plus mauvais augure encore, on assistait en Irlande à une escalade de la terreur, dans ses formes les plus contre-productives : une justice militaire disproportionnée et vengeresse.

Les modérés parmi les révolutionnaires irlandais étaient désormais éclipsés et le Sinn Féin et ses chefs, Eamon De Valera, Arthur Griffith et Michael Collins, prenaient la direction du mouvement indépendantiste. Autre exemple de son incapacité apparente à comprendre convenablement la situation irlandaise, le gouvernement de Londres procéda à l'arrestation de De Valera, Griffith et d'autres, mais il ne réussit pas à mettre la main sur Collins, celui qui s'y entendait le mieux pour orchestrer une campagne non conventionnelle de résistance. Il réorganisa les Volontaires irlandais en Irish Republican Army (IRA), rafla toutes les armes qu'il put trouver et entraîna ses partisans, hommes et femmes, à la pratique de l'embuscade et du meurtre. Ils obtinrent des résultats impressionnants : des centaines de soldats britanniques furent tués, les dirigeants britanniques et leurs indicateurs irlandais vivaient dans la crainte perpétuelle d'être abattus et, en 1920, l'Irlande semblait au bord de la rébellion ouverte, voire de la guerre.

Michael Collins a été entouré d'un halo de romantisme par Hollywood, les romanciers et le public, mais il ne faut pas oublier que la tactique qu'il avait élaborée consistait à tuer des soldats britanniques à tout prix, autrement dit même si cela faisait des victimes civiles. Il entrait ainsi dans un engrenage qui allait non seulement le mener à sa perte mais aussi pérenniser la violence en Irlande. Le fait de tuer des soldats britanniques et d'assassiner des chefs militaires et politiques n'avait en soi rien de régressif ou de barbare — le Sinn Féin et l'IRA avaient après tout annoncé qu'ils étaient en guerre avec l'autorité britannique et, en temps de guerre, de telles tactiques de guérilla sont tout à fait légitimes. (Le fait que les Britanniques aient refusé de reconnaître cet état de guerre était non seulement irréaliste, mais aussi stupide. Un peu à la manière dont les Américains se sont comportés face à l'organisation Al Qaida au cours de la dernière décennie, ils se sont indignés au lieu de réagir efficacement.) De plus, on doit s'attendre, en temps de guerre, à ce qu'il y ait des victimes civiles. Mais les partisans de Collins cherchèrent bientôt à tuer des civils — tout en continuant à pratiquer l'intimidation physique et psychologique — pour répandre le désordre et la peur, et empêcher ainsi les autorités britanniques de gouverner correctement. Autrement dit, ils prenaient pour cibles des civils au hasard, dans un but politique, adhérant ainsi aux principes du terrorisme, qu'ils systématisaient et élaboraient.

Les résultats tragiques ne manquèrent pas : des gens innocents se faisaient tuer presque en aussi grand nombre que les soldats britanniques et, pis encore, l'action des rebelles, à l'instar de l'exécution des chefs de la « révolte de Pâques » par les Britanniques, devint complètement gratuite et contre-productive. La tactique de guérilla adoptée par Collins était assez saine en soi — et les Britanniques, du fait de leurs réactions disproportionnées, se rendaient suffisamment impopulaires — pour que le Sinn Féin et l'IRA puissent espérer de manière réaliste provoquer de profonds changements en quelques années. Mais l'escalade de la terreur aboutit à la suspension par les Britanniques des négociations (qui reprirent à la fin de la Première Guerre mondiale) et à l'envoi de nouvelles troupes d'occupation bien plus brutales et coriaces que les soldats du contingent. Le Premier ministre britannique, David Lloyd George, déclara officieusement qu'il ne « serrerait pas la main des assassins ». En outre, le ressentiment populaire envers les nationalistes radicaux non seulement persistait mais commençait à croître, démentant la prétention de l'IRA à être la voix la plus légitime du peuple irlandais. La campagne de terreur de Collins aboutit à l'octroi du statut d'Etat libre par les Britanniques en 1921, ce que les nationalistes auraient déjà pu obtenir en 1914. Sa popularité déclinant, Collins fut contraint d'accepter et, à cause de cela, fut assassiné par les extrémistes dont il avait été l'inspirateur.

L'exemple irlandais illustre clairement l'amalgame entre guerre totale et guerre populaire. En franchissant la ligne de démarcation entre l'action de guérilla et le terrorisme, le Sinn Féin et l'IRA avaient définitivement fait entrer leur conflit dans la catégorie de la guerre illimitée, dont deux des principales caractéristiques sont le refus de faire la distinction entre militaires et civils, et l'empressement à prendre ces derniers pour cibles. Comme nous l'avons vu, les guerres populaires étaient illimitées, presque par définition, mais, là encore, la réciproque était-elle vraie ? Une guerre était-elle populaire du simple fait qu'elle était illimitée, qu'elle faisait intervenir tous les éléments de la société ? La réponse est évidemment non : un tel raisonnement était un pur sophisme, particulièrement dangereux, et il l'est resté jusqu'à aujourd'hui. Le terrorisme du Sinn Féin et de ce que, au cours des décennies ultérieures, on appela l'IRA « provisoire », puis « réelle », jouit peut-être d'une popularité parmi les Américains qui financent inconsidérément l'achat d'armes et leur transport clandestin en Irlande, comme parmi les « patriotes » irlandais, piliers de pubs, qui répugnent à prendre des risques. Mais pour ceux qui vivent et travaillent dans une telle atmosphère, la terreur n'a jamais fait avancer la cause irlandaise — qui réclame d'abord l'obtention par l'Irlande du statut d'Etat, puis l'union avec les provinces du Nord (l'Ulster) sur lesquelles la Grande-Bretagne a conservé son autorité après avoir reconnu la déclaration de totale indépendance de l'Irlande du Sud en 1949, à l'époque du démantèlement de l'Empire.

L'état actuel des négociations de paix en Irlande le montre bien : l'IRA ne s'est pas rapprochée de son objectif d'unification du pays après trente ans de terreur abominable, tant de son fait que de celui de ses ennemis irlandais protestants. La déclaration de Gerry Adams, actuel chef du Sinn Féin, « faire son chemin jusqu'à la table des négociations pour la paix à coups de bombes » — un slogan populaire non seulement dans les pubs mais aussi parmi les historiens et les spécialistes soi-disant responsables du terrorisme —, apparaît comme un autre sophisme dangereux : les Britanniques ont toujours été disposés à discuter avec l'IRA, mais ils ne le sont pas plus à faire des concessions au terrorisme aujourd'hui que naguère. En réalité, le plus grand espoir qu'a l'IRA d'obtenir gain de cause tient à la mesure dans laquelle ses ennemis sont prêts à imiter sa tactique et donc à s'aliéner le public. Quant aux terroristes sur lesquels des leaders comme Adams ne peuvent ou ne veulent pas exercer de contrôle, ils n'ont rien obtenu de plus avec leurs méthodes que ne l'avait fait Michael Collins. La seule chance qu'avait Collins d'accomplir quelque chose de grand aurait été de limiter la violence à une campagne de guérilla dirigée contre les militaires et les dirigeants britanniques. Dans les brèves périodes où il a été capable de le faire, il a été à deux doigts d'atteindre des résultats remarquables, mais quand il a laissé le conflit glisser sur la pente du terrorisme, il a perdu le terrain gagné, et il a été un défenseur des droits irlandais bien moins efficace que les membres du PNI, qui luttaient de longue date au sein du Parlement.

L'effet le plus important de l'action du Sinn Féin et de l'IRA pendant la première moitié du XXe siècle n'est pas dans ce qu'ils ont accompli mais dans leur propagande et leur légende : ils ont sillonné le monde en prétendant être à l'origine de tous les progrès de la cause irlandaise. Beaucoup de nationalistes ou simplement de rebelles d'autres pays les ont crus, car, répétons-le, la logique voulant qu'une guerre illimitée soit populaire, que le terrorisme permette d'arriver à ses fins, était séduisante, du fait que les civils étaient des cibles bien plus faciles et bien moins dangereuses que les soldats. Dans les années qui suivirent, des groupes de guérilleros du monde entier, lorsqu'ils pratiquaient la terreur, ont prétendu que leur cause était populaire du seul fait de la violence de leur action. Un autre raisonnement faussé, aux effets dévastateurs, ne tarda pas à être tenu : moins une cause était populaire, plus il devenait nécessaire de recourir à la tactique de la guerre illimitée à la plus grande échelle possible afin de donner l'illusion de la popularité.

C'est pour cette raison que nous retrouvons si souvent, de manière presque comique, le mot « populaire » dans les noms hyperboliques de dizaines d'organisations révolutionnaires ou simplement terroristes. A l'instar de l'Etat soviétique qui les entraînait, ces groupes étaient persuadés que le terme contribuerait à leur conférer une légitimité auprès des nations et des citoyens du monde entier.

Aucune organisation n'a davantage souscrit à cette façon de penser erronée et préjudiciable que celles qui, à partir des années trente, ont lutté au Moyen-Orient pour acquérir le contrôle de la Palestine. La Grande-Bretagne et la France avaient promis l'indépendance aux tribus musulmanes d'Arabie, de Palestine et de Syrie pendant la Première Guerre mondiale afin de les amener à participer à la lutte contre l'empire ottoman. Ces anciennes tribus étaient lasses depuis longtemps de la domination ottomane et voyaient dans les Turcs des musulmans corrompus, qui avaient abandonné la pratique religieuse et buvaient de l'alcool. (Il convient de rappeler que c'est en Arabie, en particulier au sein du courant extrémiste wahhabite, que le fondamentalisme musulman a toujours prospéré.) Parmi les Arabes, l'observance religieuse puritaine et la fidélité au clan avaient toujours pris le pas sur la loyauté à Constantinople, et elles ont poussé beaucoup d'entre eux à prendre les armes pour aider les Britanniques à chasser les Turcs de leur région.

Avant même la fin de la guerre, les Arabes apprirent que les Européens mentaient : un accord avait été passé en 1916 entre la France et la Grande-Bretagne sur la façon dont elles projetaient de se répartir la région (la Syrie et le sud-est de la Turquie reviendraient à la France, la Jordanie et l'Irak à la Grande-Bretagne) dans le but d'y établir des « mandats », terme vague désignant des zones d'influence dans lesquelles la grande puissance concernée exercerait un contrôle administratif et surtout économique. Les Arabes eurent à peine le temps de se remettre de cette découverte qu'ils en firent une seconde : les Britanniques étaient favorables à la création d'une patrie sioniste en Palestine, qui, aux termes d'un autre accord anglo-français, était censée être une zone internationale. Ces deux accords étaient rédigés de façon si peu précise que les représentants britanniques et français auprès des tribus arabes furieuses réussirent, grâce à leur double langage et à force de cajoleries, à faire durer les choses pendant les négociations de paix et jusque dans les années vingt. Au milieu de ces chicaneries diplomatiques, la Palestine n'obtint jamais le statut de territoire international : les Britanniques la gardèrent sous leur contrôle, comme la Jordanie. En 1928, la Grande-Bretagne laissa une grande autonomie à la Jordanie tandis que l'Irak devenait un véritable Etat indépendant (bien que les Anglais s'y soient assuré un statut commercial privilégié). La Palestine restait cependant sous mandat, en grande partie, estimaient avec justesse ses habitants, parce que ce système donnait à la Grande-Bretagne le pouvoir d'intervenir dans les questions de propriété foncière en faveur des sionistes européens qu'elle aidait à s'installer dans la région sous la pression de juifs britanniques et d'autres pays européens.

En 1933, à l'arrivée au pouvoir d'Hitler, entre quinze mille et trente mille juifs émigrèrent chaque année en Palestine sous la protection des Britanniques. En 1936, les Palestiniens déclenchèrent une grève générale, exigeant l'arrêt total de l'immigration juive ainsi que le droit de s'autogouverner. Les Britanniques répondirent par la nomination d'une commission, qui rejeta la demande d'autogouvernement et recommanda le partage de la Palestine en deux parties, l'une arabe, l'autre juive. Soixante pour cent des terres arables devaient être attribuées au secteur juif, où vivaient trente pour cent de la population de la Palestine. Des violences éclatèrent, la Grande-Bretagne nomma une autre commission royale, dont le rapport recommandait cette fois-ci que les Britanniques conservent davantage de terres sous leur autorité et en donnent moins aux Arabes et aux juifs.

A la fin des années trente, les communautés juives de Palestine, alarmées par les appels de plus en plus pressants des Arabes à l'arrêt de l'immigration juive et les menaces des Palestiniens contre tout citoyen ou chef d'Etat ne soutenant pas leur cause, prirent la décision funeste d'accroître les effectifs de deux milices qui défendaient déjà les colons juifs : l'Irgoun et sa ramification, le Stern. La colère des Arabes avait engendré le meurtre et la violence en Palestine, mais ce sont les juifs qui semèrent la terreur dans la région avec leurs groupes paramilitaires organisés. L'objectif de l'Irgoun et du Stern était la création d'un Etat d'Israël entièrement juif s'étendant des montagnes du Liban au canal de Suez et englobant la Jordanie. Leur emblème, un poing levé tenant un fusil accompagné des mots « Seulement ainsi » montrait bien comment ils entendaient l'atteindre. Ces groupes armés représentaient une synthèse et une amélioration de l'organisation en cellules de diverses organisations révolutionnaires que les bolcheviks avaient créées pour prendre le pouvoir en Russie et répandre ensuite la subversion communiste à travers le monde. Les opérations de l'Irgoun étaient souvent montées par des cellules qui ignoraient tout des activités les unes des autres, et ces activités ne se limitaient pas à veiller sur les colons. L'Irgoun et le Stern protégèrent l'immigration illégale de dizaines de milliers de juifs en 1938-39, et leurs méthodes allaient du passage à tabac à la pose de bombes et au meurtre. Le bilan inégal des morts qu'il y eut pendant ces longs mois de violence témoigne de leur savoir-faire. Selon l'estimation d'un organisme indépendant, les pertes s'élevèrent à 77 personnes chez les Britanniques, 250 chez les juifs et 3 500 chez les Arabes.

La facilité avec laquelle les terroristes juifs recoururent au meurtre est peut-être compréhensible compte tenu de ce qui se passait en Europe et de ce que racontaient les immigrants arrivés en Palestine. L'Irgoun et le Stern cherchèrent par la violence à attirer de nouvelles sympathies aux juifs d'Europe et de Palestine du fait de leur situation critique en donnant d'eux l'image non pas d'accapareurs de terres armés (ce qu'étaient beaucoup d'entre eux), mais de gens défendant leur patrie avec vigueur. Autrement dit, à l'instar de l'IRA et du Sinn Féin, les terroristes juifs pensaient pouvoir propager l'idée d'une guerre populaire en adoptant la tactique du « tous les coups sont permis » et, comme leurs homologues irlandais, ils se trompaient.

Les Britanniques voyaient bien que la situation des Arabes devenait intolérable et que la violence en Palestine atteignait des sommets inacceptables. En outre, ils ne souhaitaient nullement s'aliéner les souverains des pays riches en pétrole situés au sud et à l'est. (Ils n'avaient cependant pas à s'inquiéter sur ce chapitre, la plupart des chefs d'Etat musulmans ne témoignant, alors comme maintenant, que d'un intérêt symbolique pour le destin des Arabes de Palestine.) En 1939, le gouvernement de Londres fit donc une extraordinaire volte-face dans ce qu'on a appelé le Livre blanc : il admettait que sa politique antérieure avait été injuste envers les Arabes, qu'il était nécessaire de ralentir l'immigration et la colonisation juives, et que les Britanniques devaient se retirer de Palestine au cours de la décennie suivante et laisser les Arabes et les juifs la diriger conjointement, « de manière à garantir que les intérêts essentiels de chaque communauté soient sauvegardés ».

C'était un revirement sans précédent à bien des égards : l'empire britannique encore orgueilleux reconnaissait ses torts, renonçait à sa position et s'efforçait de se racheter auprès d'une population autochtone qui avait été injustement traitée, tout en laissant la porte ouverte à un autre peuple victime d'un génocide en Europe. Et, comme tous les compromis raisonnables proposés au cours de la longue histoire des relations entre juifs et Palestiniens, il ne mena strictement nulle part. Les Arabes le rejetèrent tandis que, pendant que la Seconde Guerre mondiale faisait rage, les juifs augmentaient les effectifs de leurs organisations paramilitaires et se livraient à des attentats meurtriers contre des hauts fonctionnaires britanniques, des dirigeants arabes et même des juifs modérés. Cette activité terroriste atteignit son paroxysme le 22 juillet 1946, lorsque l'Irgoun, commandé par le futur Premier ministre israélien Menahem Begin, fit sauter une aile entière de l'hôtel du King David à Jérusalem, célèbre pour sa beauté. L'attentat fit quatre-vingt-dix morts et, une fois de plus, les victimes étaient aussi bien des Arabes, des Britanniques que des juifs. Dans ce contexte, les Britanniques, qui avaient en tout état de cause décidé depuis longtemps de quitter la région, abandonnèrent en 1947 la question palestinienne à la compétence de l'ONU, récemment créée. Les Nations Unies, incapables, comme presque tout le monde, de ne pas faire d'amalgame entre le sombre destin des juifs en Europe et leur comportement en Palestine, votèrent un plan de partage qui attribuait encore plus de bonnes terres aux colons juifs.

Dans les mois qui suivirent le départ des Britanniques, les juifs menèrent une guerre pour la création de l'Etat d'Israël durant laquelle un large secteur de leur population accomplit une multitude d'actes héroïques. L'Irgoun et le Stern poursuivaient cependant les activités meurtrières qui leur avaient mis les Britanniques à dos, naguère leurs plus puissants protecteurs dans la région. Menahem Begin persistait à croire qu'assassiner des civils et jeter des bombes au milieu des foules de commerçants arabes permettrait de briser le moral des Palestiniens et attirerait aux juifs la sympathie de la communauté internationale. Il continuait de se tromper et les réactions se firent particulièrement hostiles quand il demanda à ses partisans de se concentrer sur des cibles dans Jérusalem, dans l'espoir de faire régner la terreur dans la ville sainte et de forcer les Nations Unies à renoncer à la transformer en une enclave internationale qu'elles administreraient. La réaction suscitée dans le public par l'Irgoun était si négative que même David Ben Gourion, leader de la cause israélienne, condamna en privé le meurtre de civils. Mais Begin ignora la censure et, après une déclaration d'armistice, dénonça l'accord et poursuivit le combat, provoquant cette fois-ci une épreuve de force armée entre juifs et faisant planer une menace sur le nouveau gouvernement israélien. Le gouvernement l'emporta, mais la tendance au terrorisme que l'Irgoun avait fait naître chez les Israéliens allait perdurer. Pis, elle poussa les Arabes de Palestine à se venger en recourant aux mêmes méthodes.

Lorsque les Palestiniens se dotèrent d'organisations, dont les noms allaient nous devenir si familiers — le Front populaire de libération de la Palestine, le Fatah (ou Mouvement de libération palestinien), et l'Organisation de libération de la Palestine (OLP), proche mais moins ouvertement militaire —, ils prirent l'Irgoun pour modèle, tant dans la forme que dans le mode d'action. Les Palestiniens furent entraînés par des Soviétiques, auxquels l'Irgoun avait emprunté de nombreuses techniques. Si, au fil des années, les Palestiniens n'avaient pas été témoins de la redoutable efficacité de l'Irgoun, peut-être auraient-ils été tentés de suivre une autre voie, mais la colère, le désespoir et l'impatience les engagèrent à suivre la même, avec, inévitablement, des résultats similaires.

Dans un climat de terreur permanente, les Palestiniens éprouvèrent le besoin de donner une tournure particulière à leurs activités terroristes. Au lieu de s'en prendre uniquement à des Israéliens, ils s'attaquèrent à des citoyens de nations qui, à leurs yeux, aidaient Israël, et la liste finit par comprendre un nombre important de pays puissants. Mais, à mesure que le temps passait, le chef du Fatah (et plus tard, de l'OLP), Yasser Arafat, dirigea la vindicte de son groupe sur les Etats-Unis, le premier pays à avoir reconnu de facto l'Etat hébreu quand il proclama son indépendance avant de devenir son principal pourvoyeur de fonds et d'armes. Beaucoup d'Américains s'étonnèrent de cette attitude, mais, après avoir été les victimes de ce qu'ils considéraient, bien souvent à juste titre, comme les menées terroristes des Israéliens, les Palestiniens jugeaient tout simplement l'Amérique coupable de s'associer à leurs ennemis, de les approvisionner et de les financer. Aussi surprenante qu'ait pu paraître cette façon de voir les choses à l'époque, elle ne devrait plus l'être maintenant : elle est très proche de celle des Etats-Unis vis-à-vis des pays qui accueillent, financent et, de manière générale, soutiennent actuellement les organisations terroristes. Arafat (à l'instar de certains membres du Front populaire de libération de la Palestine) estimait en outre que son mouvement serait plus largement considéré comme populaire, et donc légitime, s'il élargissait le champ d'application de la tactique de la guerre illimitée hors du Moyen-Orient, garantissant ainsi que les actions terroristes seraient couvertes par la télévision. Or, les Etats-Unis étaient la première puissance du monde en matière de médias. Il espérait ainsi que l'OLP et lui-même en arriveraient à être regardés comme les représentants d'un mouvement aussi juste que tout autre mouvement de lutte populaire pour l'indépendance apparu au cours de l'histoire. Arafat appliquait la recette irlandaise dans le monde entier, en oubliant que l'IRA — tout en étant l'objet de l'attention des journaux et de la télévision pour sa violence — ne faisait pas de réels progrès dans son combat politique.

De même, et de façon prévisible, ni Arafat ni aucun autre dirigeant palestinien ne fut jamais capable de gagner de manière significative la faveur de l'opinion publique en exerçant des représailles sur des Américains ou d'autres civils non israéliens ou en assassinant des civils israéliens. En fait, les seules périodes durant lesquelles les organisations palestiniennes réussirent à rallier le soutien des Occidentaux furent celles où elles affrontèrent l'armée conventionnelle israélienne ou, comme dans le cas du Septembre noir de 1970, d'autres forces armées arabes. La guerre de destruction réciproque entre les fedayins d'Arafat — « ceux qui sont prêts à se sacrifier » — et la légion arabe sur le modèle européen du roi Hussein de Jordanie coïncida avec une vague inhabituelle de détournements d'avions par le FPLP, au cours desquels les Palestiniens évacuaient les passagers et en libéraient un grand nombre avant de détruire les avions et d'entrer en contact avec des journalistes pour réclamer la libération de leurs camarades prisonniers en Europe. Ils faisaient ainsi savoir qu'ils n'avaient pas pour objectif prioritaire, ni même pour intention, de tuer, mais d'attirer l'attention de la communauté internationale sur leur situation critique. La tactique leur a été profitable : non seulement elle a abouti à la libération de leurs camarades, mais elle leur a aussi valu un long temps de parole à l'antenne, ce qui n'aurait probablement pas été le cas s'ils avaient tué les passagers. Associé aux images télévisées de fedayins massacrés par les troupes d'Hussein — qui, laissa-t-on entendre, étaient peut-être appuyées par des frappes aériennes israéliennes —, Septembre noir eut l'effet, curieux mais en définitive positif, de diminuer le prestige d'Arafat au sein de la communauté des gouvernements arabes et de l'augmenter dans d'autres régions du monde, potentiellement plus importantes, ainsi qu'aux yeux de la nouvelle génération de Palestiniens.

Plus récemment, les hommes qui orchestrent le mouvement de l'Intifada (la révolte généralisée) palestinienne et les jeunes qui y participent ont également constaté que le monde est prêt à accorder son attention à leurs actions, voire à les admirer, quand elles prennent la forme d'une guérilla contre l'armée israélienne. Des sondages effectués aux Etats-Unis montraient une brusque augmentation de l'opinion favorable aux Palestiniens lorsque les campagnes de l'Intifada étaient lancées et que les ondes transmettaient des images de jeunes gens armés de pierres et de frondes affrontant des troupes de combat et la police anti-émeutes. Le parallèle biblique est évident, mais les changements d'orientation des politiques américaine et israélienne ne suivirent pas assez vite l'évolution de l'opinion publique américaine pour satisfaire les Palestiniens, qui ont depuis recouru à la tactique consistant à faire sauter des civils israéliens — parfois spécifiquement des jeunes — avec des kamikazes — tout aussi jeunes. Le procédé, à la fois barbare et contre-productif, a entraîné une dégringolade prévisible de la popularité des Palestiniens chez les Occidentaux et le maintien également prévisible de la politique pro-israélienne.

On peut toutefois affirmer avec certitude que l'histoire et la tactique des nationalistes irlandais extrémistes et des guérillas et terroristes juifs et palestiniens, qui ont été le reflet les unes des autres au cours du siècle, les ont tous conduits à l'échec en raison de leur incapacité à s'en tenir à une tactique limitée. Au moins un dirigeant du mouvement pour l'unification de l'Irlande, Gerry Adams, du Sinn Féin, semble enfin prêt à le comprendre et à s'engager au désarmement de ses partisans comme condition préalable à d'authentiques négociations de paix. En revanche, Yasser Arafat s'est montré beaucoup moins prudent en recourant de nouveau à la violence. Les Israéliens y ont répondu en intensifiant la répression et en accaparant de nouveaux territoires. Il semble maintenant peu probable qu'Arafat puisse obtenir les concessions qui étaient à sa portée avant que ses plus jeunes partisans deviennent des « martyrs » en se faisant sauter dans des discothèques et des cafés israéliens. Tel un Michael Collins moyen-oriental, Arafat semble destiné à voir sa longue campagne terroriste ne mener à rien, et son renoncement à une guérilla plus limitée s'est révélé être une erreur tragique. Lui aussi risque, comme Collins, d'être un jour assassiné par les éléments les plus extrémistes de son propre mouvement. Mais du moins Collins avait-il donné sa vie pour la Home Rule, alors que si Arafat ne parvient pas à contenir ses assassins kamikazes, il pourrait même perdre l'autonomie administrative des territoires occupés au profit d'une société israélienne de plus en plus en colère et animée d'un esprit de vengeance, qui a déjà amplement prouvé son aptitude à faire la guerre à des civils. (Sinon, comment Menahem Begin et le criminel de guerre présumé Ariel Sharon auraient-ils pu devenir Premiers ministres ?)

Les leçons que nous donnent les exemples de Michael Collins et Yasser Arafat — à savoir que le recours au terrorisme ne procure pas à un mouvement revendicateur la légitimité d'une véritable cause populaire, que l'impatience et l'instinct vainement destructeur qui poussent des hommes, par ailleurs exceptionnels, à se tourner vers le terrorisme ne font qu'amener leur chute, et qu'enfin rien ne remplace, pour un mouvement indépendantiste, le courage et la capacité soit d'affronter immédiatement les troupes de l'ennemi, soit d'attendre (ainsi que l'ont fait d'authentiques grands chefs de guérilla comme Mao Tsé-toung et Ho Chi Minh) le moment opportun pour provoquer cet affrontement —, ces leçons nous ont été données partout dans le monde au cours du XXe siècle. D'innombrables soi-disant révolutionnaires se sont révélés n'être que des terroristes. Le modèle a été remarquablement cohérent, jusqu'au choix, apparemment anodin mais en réalité tout à fait intentionnel, du mot « populaire » pour qualifier presque tous ces mouvements voués à l'échec. En fait, une évolution intéressante s'est dessinée dans l'usage de ce terme : bien souvent, « populaire » ne qualifie plus un combat noble contre l'oppression, mais cache un groupe généralement frauduleux, souvent dangereux, parfois constitué d'individus perturbés mentalement (comme ce fut le cas des divers groupuscules terroristes européens), presque toujours condamné à la faillite et animé par un désir maladif de pouvoir et de reconnaissance.

En définitive, l'étude des procédés terroristes mis en pratique au XXe siècle conduit à peu près aux enseignements que nous avions déjà retirés de l'examen des méthodes guerrières appliquées contre les civils à l'époque romaine et au cours des siècles écoulés depuis. Il serait inexact d'affirmer que l'humanité n'a jamais tiré parti de ces leçons, mais elle l'a fait de manière éphémère avant de se remettre à croire, inévitablement semble-t-il, au pouvoir de la destruction illimitée. Le comportement des Etats-Unis depuis vingt ans nous offre des exemples tant de ces brèves périodes de lucidité que de la foi plus habituelle dans le caractère bénéfique de la guerre totale. Ces exemples ont d'énormes implications sur la manière dont nous devrions relever le défi qui nous est lancé.

ÉPILOGUE

PROFIT OU SAUVEGARDE ?

Au cours des deux dernières décennies, on a considéré à juste titre que les Etats-Unis sont devenus le principal moteur de la diffusion à travers le monde des valeurs, du système économique et de la culture populaire de l'Occident. Durant la même période, l'Amérique s'est élevée au rang non seulement de principale, mais de seule véritable puissance militaire de la planète. Le lien entre ces deux évolutions n'a pas échappé à ceux qui vivent en dehors du premier cercle de développement industriel et technologique, dans des pays où ces valeurs occidentales ont de plus en plus d'emprise, soit parce qu'ils les ont appelées de leurs vœux, soit pour répondre aux impératifs grossiers du capitalisme international. On considère de plus en plus que l'érosion continue des cultures locales, résultat inévitable de cette pénétration culturelle et économique, s'effectue sous la protection de la puissante machine de guerre américaine. En conséquence, ceux qui entendent préserver leurs valeurs traditionnelles, ou souhaitent simplement appliquer des programmes politiques qui n'entrent pas dans le cadre du « multinationalisme », ont fait appel aux seules armes qui leur semblaient pouvoir attirer l'attention de la société américaine, depuis longtemps aguerrie aux détournements d'avions et aux voitures piégées : les armes de destruction massive. Il peut s'agir de procédés ou de machines qui n'ont pas été conçus pour faire la guerre, comme les avions de ligne utilisés comme missiles, ou de moyens soigneusement et patiemment mis au point et élaborés, comme les armes biologiques. Quoi qu'il en soit, le terrorisme international a effectué un brusque saut stratégique et surtout tactique afin de faire jeu égal avec la puissance militaire américaine.

Il ne fait guère de doute que cette stratégie et cette tactique vont à l'encontre des buts poursuivis : les terroristes actuels ont été malavisés d'ignorer les leçons de campagnes similaires (peut-être est-il irréaliste d'espérer que des gens plongés dans des ruminations religieuses dignes du Moyen Age et dans l'étude de la fabrication de bombes puissent faire autrement). Ils ont choisi de pratiquer le meurtre délibéré de civils à une échelle inconnue depuis des générations, voire des siècles. Par là, les dirigeants, financiers et fantassins de toutes les organisations terroristes impliquées dans les attaques du 11 septembre ont involontairement tout fait pour que leur cause extrémiste soit discréditée auprès de beaucoup de leurs sympathisants, reniée par la plupart de leurs anciens soutiens et en fin de compte mise en échec par leurs ennemis. Telle est la leçon de deux mille ans d'histoire de la terreur : c'est le sort qui attend les agresseurs, quel que soit le nombre de civils qu'ils réussissent à tuer avant cela. La balle est maintenant dans le camp de l'Amérique et la question essentielle devient : en répondant à ces attaques, saurons-nous résister à la tentation d'entrer dans la course tout aussi gratuite aux armes non seulement de destruction *massive*, mais aussi de *toute* forme de destruction ? Autrement dit, les Etats-Unis sont-ils disposés à ne pas se contenter de faire étalage d'une force militaire et destructrice toujours plus grande, mais à concevoir de nouvelles formes de guerre, limitées dans leurs effets mais décisives dans leur résultat ?

La manière américaine traditionnelle de faire la guerre va des formes les plus violentes à des formes limitées. Pour atteindre ses objectifs militaires, l'Amérique a généralement compté sur sa force écrasante et sur l'affaiblissement de l'ennemi par la guerre d'usure, en particulier depuis son entrée dans l'ère industrielle et la guerre de Sécession. Les quelques exceptions à cette règle — notamment ses essais de *Blitzkrieg* pendant la libération de l'Europe en 1944-45 — sont apparues en dépit des fortes appréhensions de son état-major. Une telle tradition ne semble pas augurer de solutions novatrices pour sortir de la mauvaise passe dans laquelle nous nous trouvons ; pourtant, la gravité même de la situation nous obligera sans doute à nous écarter de ce mode d'action. Cela s'est déjà produit au cours de l'histoire militaire. Pendant la Première Guerre mondiale, par exemple, aucun des belligérants ne croyait s'engager dans un conflit de longue durée, et quand ils ont compris leur erreur, l'un au moins, l'Allemagne, a traversé une période de profonde confusion, car les longues guerres d'usure n'étaient pas dans la tradition allemande (ou plus précisément prussienne). Les Etats-Unis se retrouvent maintenant dans la situation exactement inverse : la tactique qu'ils ont traditionnellement adoptée, celle de la guerre totale, doit être abandonnée en faveur de méthodes plus précises, limitatives, s'ils veulent non seulement s'en sortir indemnes mais aussi retrouver un ordre international stable nécessaire au fonctionnement du capitalisme démocratique international. Et ils doivent renoncer à leur approche traditionnelle plus vite que ne l'ont fait les Allemands, s'ils ne veulent pas eux aussi risquer de devoir mener la même guerre une deuxième fois, maintenant que la défaite leur a enseigné la bonne manière de le faire.

Nous avons tiré de l'histoire de la guerre contre des civils des leçons susceptibles d'éclairer les principes qui peuvent inspirer une modification de notre comportement habituel. Mais, avant même de nous demander comment concevoir une nouvelle variante de la guerre moderne de portée limitée, excluant l'agression délibérée de civils, il est nécessaire de savoir si le conflit dans lequel nous sommes engagés mérite le nom de « guerre » ou s'il relève de la criminalité internationale et est donc passible de la répression des crimes. Car, en dépit de l'hystérie médiatique à propos de la « nouvelle guerre de l'Amérique », il reste des observateurs respectés pour estimer que nous ne sommes pas précisément en état de belligérance. On peut en effet arguer avec raison que beaucoup des incidents et des conflits dont nous avons déduit des enseignements au cours de cette étude étaient des conflits internationaux déclarés, alors que le terrorisme n'implique aucune déclaration de guerre officielle. Les leçons tirées ici s'appliquent-elles réellement à la crise actuelle ?

Il est essentiel de se rendre compte que dans relativement peu de conflits considérés comme des guerres, les adversaires ont sacrifié aux minuties d'une notification juridique de leur intention de se livrer à une agression militaire. Des guerres civiles du temps de Rome au conflit entre le Viêtnam-du-Nord et celui du Sud en passant par la guerre de Sécession, beaucoup ont débuté par l'ouverture des hostilités plutôt que par une déclaration de guerre officielle, ce qui a été le cas aussi de conflits coloniaux, comme la longue et dure campagne menée par les Etats-Unis pour écraser le mouvement nationaliste philippin au lendemain de la guerre hispano-américaine. En fait, parmi les dizaines de conflits dans lesquels l'Amérique s'est engagée depuis plus de deux siècles, quelques-uns seulement ont été précédés d'une déclaration de guerre en bonne et due forme, et cela est vrai aussi des autres pays. Dans le dernier conflit international considéré comme une guerre et qualifié de tel, celui du Golfe, il y a eu une coalition mais pas de déclaration officielle d'ouverture des hostilités. Compte tenu de ces précédents, nous pouvons et devons définir la guerre comme un état de relations internationales hostiles *de facto*, et non légaliste ou *de jure*. (Il est évidemment toujours utile et préférable de se lancer dans des hostilités après une déclaration de guerre officielle, afin d'éviter le genre de controverses et de confusion qui ont entouré le recours aux tribunaux militaires et la détention de ressortissants étrangers, mais l'exécutif américain a traditionnellement évité de telles déclarations, dans lesquelles il voit une entrave à sa liberté d'action. Il apparaît donc d'autant plus indispensable de considérer et de définir la guerre comme un état de fait.) La distinction est importante, car la reconnaissance d'un état de guerre fait sortir les opérations de la catégorie des manœuvres défensives en réaction à une agression (opérations généralement menées par les services d'espionnage et la police) et en élargit le champ jusqu'à inclure les stratégies offensives et préventives dont dépend, nous l'avons vu, le succès d'une guerre limitée.

La deuxième objection le plus couramment soulevée à l'encontre de l'assimilation du terrorisme international à la guerre tient à la nature des combattants. Il est vrai que les terroristes internationaux portent rarement l'uniforme et défendent rarement les intérêts d'une nation bien définie ; dans leur esprit, ils défendent souvent une cause beaucoup plus vaste. Les membres de groupes terroristes contemporains comme le Hezbollah, le Jihad islamique ou Al Qaida se considèrent comme les défenseurs de la « nation » ou du « royaume » de l'islam en général, et estiment sans aucun doute que ce royaume est en guerre contre les Etats-Unis. Le fondamentalisme islamique n'est un phénomène ni nouveau ni restreint ; les origines de ce que l'on peut appeler le « puritanisme musulman » remontent à des centaines d'années en arrière, au-delà du mouvement wahhabite du XVIIIe siècle et de l'opposition aux progrès scientifiques et artistiques du califat d'al-Mamun au XIXe. De toute évidence, nous ne sommes pas en présence de la forme moderne de groupes marginaux comme les Assassins, ce qu'attestent la capacité des musulmans fondamentalistes extrémistes à s'entraîner militairement, à organiser des services de renseignement efficaces, à échafauder un système opérationnel à base de cellules particulièrement difficile à démanteler, leur capacité enfin à maîtriser les outils de la révolution informatique.

Nous savons à présent que les membres de ces organisations vivent dans des dizaines de pays (y compris la plupart des pays occidentaux), qu'ils se comptent au moins par dizaines de milliers et qu'ils sont en état de mobilisation permanente : « Le fondamentalisme est mondialisé. Il est mondialisé comme la Sixième Flotte », a dit un expert égyptien il y a quelques années.

Un tel ennemi *doit* être considéré comme une armée, même s'il ne correspond pas à l'idée qu'on s'en fait en Occident, même s'il ne respecte pas les codes de conduite de la guerre établis par les conférences de Genève et l'ONU. De même, l'état d'hostilités non déclarées dans lequel nous nous trouvons *doit* être considéré comme une guerre. Voir les choses autrement, c'est nier non seulement la réalité actuelle mais aussi toute l'histoire militaire. Par conséquent, si le débat sur la question de savoir quelles mesures policières intérieures sont constitutionnelles doit se poursuivre, il faut cesser d'ergoter en se demandant si oui ou non nous sommes en guerre avec une armée de soldats. Nous devons consacrer toute notre énergie à imaginer des stratégies plus adéquates que la guerre totale du dernier demi-siècle.

D'aucuns objecteront peut-être que nous ne vivons pas dans un monde où une guerre limitée, à visage plus humain, est possible. Compte tenu de la nature des conflits récents, ce point de vue est compréhensible. La sauvagerie, les massacres, le terrorisme et même le génocide sont devenus des réalités quotidiennes de la vie internationale et notre époque n'évoque en rien les beaux jours de la guerre limitée. Au XVIIIe siècle, par exemple, les Lumières faisaient grand cas de la créativité et on abordait toutes les disciplines de pensée en humaniste, comme le faisait Frédéric le Grand, le plus important des théoriciens militaires. La Renaissance italienne, celle des condottieres, et la Renaissance anglaise, qui a vu naître Francis Drake et d'autres corsaires, lesquels ont signé la fin de la puissance de l'empire espagnol, rétrograde et brutal, comptent aussi au nombre de ces périodes heureuses.

Tous les progrès qui ont fait école en matière militaire n'ont cependant pas eu lieu au cours de ces époques humanistes : la guerre civile anglaise, qui suivit de près celle de Trente Ans et celles de la Réforme, fut influencée par des questions religieuses — et on ne se serait guère attendu à trouver à cette époque d'aussi importants progrès que ceux concrétisés dans l'armée nouveau modèle de Cromwell. Quant à la doctrine militaire qui mit un terme aux horreurs de la guerre de tranchées statique, la *Blitzkrieg*, elle a été en grande partie formulée par des hommes qui vivaient dans l'Allemagne de l'entre-deux-guerres, d'abord l'une des périodes les plus désespérantes des Temps modernes, puis l'une des plus barbares. Inversement, alors que des époques comme celle des Lumières ont pu conduire au progrès en Occident, elles ont été marquées par des conflits illimités et l'intolérance religieuse dans d'autres régions du monde, comme l'Arabie. Par conséquent, quand nous nous demandons si l'aube du XXIe siècle, incontestablement barbare (avec ses guerres d'une envergure universelle sans précédent), ou les Etats-Unis (avec leur société libertaire mais vulgaire, ouverte et en même temps exploitatrice) sont propices à l'éclosion d'idées nouvelles et progressistes dans le domaine militaire, nous pouvons non seulement répondre qu'ils *doivent* l'être si nous voulons garantir la stabilité du monde et le progrès de la civilisation, mais nous pouvons aussi affirmer avec assurance que la véritable créativité dans ce domaine ne dépend ni des événements ni des valeurs du moment. Elle dépend seulement de la volonté d'une nation de trouver des idées novatrices et de les mettre en application, ces idées devant servir suffisamment les intérêts du pays pour les rendre pratiques.

Si nous supposons que les Etats-Unis ont à la fois la volonté et l'occasion de suivre une voie progressiste, à quoi ressemblerait une telle guerre ? Le premier principe à observer quand on riposte à une agression visant des civils est, nous l'avons vu, de ne pas adopter le même comportement. A première vue, l'idée peut paraître assez simple, mais elle s'est avérée représenter l'un des problèmes les plus épineux de toute l'histoire militaire américaine, surtout au cours du siècle écoulé. Et cette difficulté n'a pas eu de cause plus persistante que la foi inébranlable des Américains dans l'effet stratégique décisif de la destruction à distance, en particulier des campagnes de bombardements. Faute d'avoir compris, au cours de la Seconde Guerre mondiale comme de celle du Viêtnam, que les bombardements stratégiques ne sont pas de nature à briser la volonté de l'ennemi, l'armée de l'air américaine y a de nouveau recouru non seulement pendant la guerre du Golfe, mais aussi dans les Balkans et, dans les années quatre-vingt-dix, en lançant des missiles de croisière sur l'Irak, l'Afghanistan et le Soudan (frappes qui sont des versions améliorées mais toujours problématiques des bombardements stratégiques à haute altitude). Dans toutes ces campagnes, les dommages civils et les pertes en vies humaines ont varié en importance, mais il y en a toujours eu. Ils ont toujours fait naître du ressentiment non seulement parmi les civils du pays ennemi, mais aussi parmi les victimes des dommages collatéraux, comme les Chinois, qui ont vu leur ambassade à Belgrade bombardée en mai 1999 (en raison, paraît-il, d'une erreur de la CIA). L'armée de l'air américaine a évidemment tenté de déguiser les piètres résultats obtenus par les bombardements stratégiques en faisant appel au procédé qu'emploient habituellement les généraux pour défendre une tactique ou un système d'armes qu'ils affectionnent : elle a déformé les faits, de même que Goering a laissé croire en 1940-41 que la population britannique était au bord de la capitulation à cause des bombardements aériens allemands.

Exemple particulièrement significatif de cette présentation déformée de la réalité, le cas de la campagne de bombardements par une coalition de pays occidentaux (en fait, avant tout les Américains et les Britanniques) qui a précédé l'opération Tempête du Désert au sol. L'un des principaux objectifs de cette campagne était la destruction des dispositifs irakiens de production des armes de destruction massive. (C'était aussi l'une des véritables priorités de la guerre elle-même, bien qu'officiellement la campagne ait été destinée à libérer le Koweït.) Après d'innombrables sorties, le Pentagone a déclaré que les frappes aériennes avaient effectivement réussi à réduire ou même à retirer au chef de l'Etat irakien Saddam Hussein sa capacité de fabriquer de telles armes et que la possibilité d'obtenir de tels résultats sans engager de troupes au sol annonçait une « révolution des affaires militaires ». La coalition internationale avait cependant mis tant de temps à se déployer contre l'Irak que Saddam Hussein avait eu le loisir de déplacer et de cacher la majeure partie de son matériel sensible. Trois centres de production ou de stockage d'armes biologiques n'avaient même pas été touchés après des semaines de bombardements (ce qui était probablement une chance du fait que les frappes aériennes présentent toujours le risque de disperser les agents chimiques ou biologiques qui y sont emmagasinés ; quoi que prétende l'armée de l'air américaine, de telles opérations n'ont des chances de réussir que si elles sont menées par des troupes terrestres). Quant aux installations nucléaires irakiennes, celles qui ont été touchées avaient été en grande partie vidées de leurs composants essentiels. L'armée de l'air américaine pouvait publier toutes les photos d'édifices endommagés qu'elle voulait, des inspections ultérieures des installations d'armes nucléaires et biologiques irakiennes par l'ONU ont prouvé que les dégâts infligés au matériel proprement dit, et non pas seulement aux constructions, étaient infiniment moins importants que le Pentagone ne l'avait fait croire aux Américains.

Ce n'est ni la seule fois, ni de cette seule manière, que les porte-parole du Pentagone ont faussé le jugement du public à propos de la campagne de bombardements de la coalition. Après le commencement des actions terrestres, un nombre très important de soldats irakiens ont déserté pour se rallier aux forces des coalisés ; dans des conférences de presse, le Pentagone a brossé le tableau de troupes aguerries, comme la garde républicaine d'élite de Saddam Hussein, réduites à une masse apeurée. L'interrogatoire de prisonniers irakiens par des journalistes a pourtant montré par la suite que beaucoup d'entre eux s'étaient tout simplement contentés d'attendre le début des opérations terrestres pour avoir quelqu'un à qui se rendre. Autrement dit, ils avaient laissé se terminer la campagne aérienne, qui ne les avait pas traumatisés outre mesure. Ils avaient déjà l'intention de déserter, et les forces aériennes américaines pouvaient toujours prétendre qu'elles avaient provoqué les désertions.

Mais, évidemment, le résultat le plus tragique de la campagne aérienne ainsi que des frappes aériennes et lancers de missiles de croisière périodiques qui ont eu lieu au cours des années suivantes a été de transformer les Irakiens en une population à double face, qui essaie à la fois de survivre au gouvernement d'un dictateur implacable et nourrit des sentiments de plus en plus anti-occidentaux, et surtout anti-américains. L'effet réel des bombardements stratégiques a rarement été aussi clairement mis en évidence : au lieu de briser le moral de la population, ils l'ont *galvanisée*, et bien que cet effet ait été amplifié par l'embargo économique en vigueur depuis le retrait des forces coalisées, il a été déclenché par cette forme de destruction sans visage qu'ont toujours été et demeurent les bombardements stratégiques.

Cette galvanisation prend naturellement des formes différentes. Dans les Balkans, elle a fourni à l'administration Clinton et au Pentagone des arguments pour clamer que les guerres ne peuvent être gagnées qu'à partir du ciel. En 1999, le bombardement de Belgrade a été suivi par la destitution de Slobodan Milosevic par le peuple yougoslave, après des élections que Milosevic tenta de faire annuler, sans y parvenir. Cette coïncidence permit à l'armée de l'air de crier victoire une fois de plus : il y avait eu des bombardements massifs et Milosevic avait été mis à la porte ; par conséquent, l'éviction de Milosevic était le résultat de ces bombardements. Mais, comme dans le cas de l'Irak, divers facteurs préexistants ou supplémentaires n'ont pas été pris en compte. La situation et les considérations internes qui ont contribué à amener la chute de Milosevic — en particulier l'existence d'une opposition instruite et déterminée — ont tout simplement été ignorées, comme l'ont été l'annulation du soutien des Russes et une évolution de plus mauvais augure : le développement d'un sentiment anti-américain pendant et après la campagne de bombardements. Si les frappes aériennes avaient été le seul instrument de la libération de la Yougoslavie, la population aurait selon toute vraisemblance amplement témoigné sa gratitude pour l'aide reçue. Mais elle ne l'a pas fait. Aucun de ces faits ne cadre avec la vision du monde que tentaient de faire accepter l'administration Clinton (qui, pendant huit ans, a montré une prédilection particulière pour les bombardements stratégiques) et le Pentagone (qui a tiré parti du manque de lucidité de Clinton et de sa crainte des opérations militaires de grande envergure). Comme toujours, seules les apparences comptaient pour Clinton, et il était possible de faire passer la chute de Milosevic pour la conséquence des seules frappes aériennes.

Ces tentatives de recourir aux bombardements à haute altitude et aux frappes à distance et de les dépeindre comme un outil stratégique décisif vont toujours à l'encontre du but recherché, sans parler de leur caractère moral extrêmement discutable. L'abandon de ces tactiques — ou du moins leur confinement à un rôle de soutien très circonscrit — répondrait donc aux deux critères de la guerre progressiste : il enrayerait l'érosion de l'autorité morale des Américains et des Occidentaux, qui a déjà atteint un point désastreux, et il servirait en même temps leurs intérêts, sur le plan militaire et sur celui de la sécurité nationale.

Si la puissance aérienne stratégique doit être ainsi réduite, d'autres armes volantes devront certainement jouer les premiers rôles, le ciel ne pouvant être purement et simplement abandonné aux avions ennemis et aux pirates de l'air. Mais il est nécessaire que la forme de puissance aérienne dont doivent se doter les Etats-Unis garantisse une réelle précision, qui ne peut être obtenue que par des tirs à basse altitude, à guidage humain et non laser. La solution la plus évidente consiste à améliorer nos unités aériennes tactiques : les chasseurs bombardiers, les hélicoptères d'assaut et de soutien ainsi que des armes polyvalentes à impact important comme l'AC-130, avion à hélice chargé d'une telle quantité d'armes tactiques qu'il est en réalité une unité d'artillerie volante.

Il existe par ailleurs un avion militaire de conception encore plus novatrice qui n'a commencé que récemment à jouer un rôle-clé dans les opérations, notamment en Afghanistan : le RQ-1A Predator, un appareil sans équipage, relativement petit, à grande autonomie, volant à altitude moyenne, conçu pour des missions de reconnaissance et de surveillance, mais pouvant aussi être chargé d'explosifs. Ainsi modifiés, les Predator permettent de riposter aux attaques suicide : commandés à distance, ils sont dirigés par l'intelligence humaine et pas strictement par ordinateur, comme c'est le cas des missiles de croisière. Ils transportent un matériel de reconnaissance vidéo en temps réel et immédiat — des « yeux » — grâce auquel ils retransmettent six points de vue différents à un camion de contrôle mobile pouvant être situé quasiment n'importe où, ce qui les rend capables de distinguer leurs objectifs avec précision. Le choix des cibles devient ainsi celui de l'opérateur, et le nombre des victimes civiles peut donc être beaucoup plus efficacement limité. Le Predator est aussi extrêmement efficace contre les armes tactiques tenues à la main très utilisées par les terroristes, comme les missiles lancés à l'épaule, car il est sans pilote et sa perte ne provoque aucune victime. Il pourrait devenir l'une des armes les plus importantes de l'armée postmoderne, et il faut espérer que sa production et celle d'autres engins commandés à distance et discriminants ont déjà été augmentées, comme celle de tanks l'avait été aux Etats-Unis après Pearl Harbor. Car cette arme répond aux critères de la guerre limitée et progressiste tout en servant les intérêts de la défense nationale, en raison d'une plus grande capacité à opérer des frappes offensives et décisives.

Bien d'autres mesures peuvent être prises pour relever notre autorité morale et servir nos intérêts nationaux, mais aucune ne revêtirait probablement plus d'importance pour les nombreux pays qui souhaitent une amélioration de leurs relations avec les Etats-Unis sans tolérer leur arrogance et leur ingérence dans leurs affaires intérieures que la limitation puis l'arrêt des opérations clandestines lancées par les services de renseignement américains, en particulier par la CIA. La lutte contre le terrorisme doit avoir pour principe directeur de ne pas adopter de méthodes terroristes et pourtant la CIA les a non seulement appliquées, mais elle a aussi formé d'autres nations et organisations à leur pratique. En acceptant et mettant en application avec empressement, voire enthousiasme, ce que James Doolittle qualifiait de « philosophie fondamentalement répugnante » — autrement dit, en ne refusant pas de combattre un ennemi « voyou » avec des méthodes de voyous —, les Américains ont fidèlement imité le comportement des Romains vis-à-vis des chefs et des guerriers barbares. Des politiques similaires ont souvent fait beaucoup de tort à l'ancien empire musulman et, plus tard, à l'empire britannique. A moins d'y mettre un terme rapidement, ce comportement pourrait bien devenir pour les Etats-Unis ce qu'il a été pour Rome, pour les musulmans et pour la Grande-Bretagne : une cause essentielle de leur effondrement.

Oussama Ben Laden représente en effet pour les Etats-Unis une sorte d'Arminius, ce chef tribal germanique dont les féroces accusations contre l'arrogance militaire et l'idolâtrie des Romains ont inspiré la rébellion des tribus germaniques sous le règne d'Auguste. On le sait maintenant, Ben Laden est le produit de la sottise de la CIA poussée à son comble : l'entraînement, l'armement et le financement des moudjahidin afghans avant et pendant l'occupation de l'Afghanistan par les Soviétiques dans les années quatre-vingt. La CIA s'est montrée depuis longtemps empressée à soutenir activement des groupes réactionnaires de tout poil et à s'associer avec eux pourvu qu'ils aient été anticommunistes, mais elle n'est jamais allée aussi loin qu'avec les moudjahidin. Fondamentalistes musulmans fanatiques, imbattables dans leur application de la stricte loi coranique, les moudjahidin ont inclus dans leur tactique militaire et leurs « politiques » sociales des coutumes tribales afghanes allant de tortures et de méthodes d'exécution inhumaines à la pratique du polo *(bouzkashi)* avec la tête et le corps de prisonniers. Mais c'étaient des combattants tenaces et ils ont offert à l'administration Carter d'abord, puis à l'administration Reagan, ce qu'elles considéraient de manière infantile et naïve comme une chance de « se venger » des Soviétiques après le Viêtnam. Le conseiller de Jimmy Carter en matière de sécurité nationale, Zbigniew Brzezinski, a souvent proclamé dans les médias sa fierté d'avoir vu les Soviétiques entraînés dans la bataille pour l'Afghanistan, à la domination duquel Moscou aspirait depuis des siècles. Un membre du Congrès, se fondant sur l'idée fausse, répandue aux Etats-Unis, selon laquelle les Soviétiques auraient orchestré la résistance nord-vietnamienne, exprima le sentiment général que « les Russes méritaient une bonne leçon » et que « les Soviétiques devaient recevoir une déculottée ».

Mais aussi aveugle, condamnable et important qu'ait été le soutien apporté par la CIA aux forces afghanes antisoviétiques (que l'administration Reagan baptisa dès 1981 « combattants pour la liberté », bien que la seule liberté à laquelle de nombreux si ce n'est la plupart des moudjahidin aient aspiré ait été celle de torturer, voler et violer), c'est son comportement après la bataille gagnée contre la Russie qui a été le plus incroyablement irresponsable. En se contentant d'abandonner les moudjahidin avec pour tout viatique les missiles Stinger et les autres armes avec lesquelles elle les avait équipés, la CIA a tout fait pour que la guerre civile et la famine sévissent au cours des années suivantes dans l'Afghanistan ravagé par la guerre, et pour qu'un violent ressentiment tourne les jeunes musulmans, en particulier, contre les Etats-Unis. Parmi eux se trouvait un riche volontaire saoudien nommé Oussama Ben Laden.

Si cette opération avait été une exception et son résultat sordide, inhabituel, on aurait pu ne pas être amené à porter un jugement aussi sévère sur le comportement de la CIA. Mais l'expérience afghane était dans le droit fil de ses autres aventures antérieures et postérieures à la guerre du Viêtnam. Nous avons vu jusqu'où elle a été capable de tomber avant 1975 ; pourtant, même le retrait de Saigon n'a pas réussi à lui enseigner l'humilité et la sagesse. Non seulement elle s'est lancée dans une dizaine de manœuvres semblables au soutien des moudjahidin (notamment en Amérique centrale, durant les périodes de troubles et de dissensions qu'ont traversées six de ses sept pays dans les années soixante-dix et quatre-vingt), mais elle a persisté à manquer à son premier devoir d'analyse des événements mondiaux et de prévision des évolutions importantes. Ironie du sort : la CIA, qui pendant toute son existence a justifié de discutables opérations de soutien de dirigeants peu recommandables en arguant de leur antisoviétisme, a été incapable de comprendre suffisamment l'Union soviétique pour prévoir son effondrement. A la fin des années quatre-vingt, elle déclarait que Moscou constituait toujours une menace importante pour la sécurité nationale américaine. On peut affirmer avec certitude que personne n'a été plus surpris par le rapide enchaînement d'événements qui a conduit à la désintégration de l'URSS que les hôtes arrogants et satisfaits d'eux-mêmes du QG de la CIA à Langley, en Virginie.

Au fil des années, la CIA a attiré sur les Etats-Unis un flot sans précédent de critiques, des protestations d'une gauche américaine aussi prétentieuse qu'ignorante aux accusations virulentes de l'étranger. Pendant de longues années, des analystes plus modérés et raisonnables des services secrets et de la sécurité nationale américains ont, après avoir examiné le rendement de la CIA, estimé que l'Amérique se porterait beaucoup mieux si on fermait l'Agence. Il existe aux Etats-Unis une redondance des services secrets : les opérations de collecte des renseignements sur le terrain de la CIA pourraient être confiées à une institution existante comme le département international du FBI, tandis que le travail d'analyse de ces renseignements a toujours été mieux fait par l'Agence de sécurité nationale et d'autres services d'espionnage, qui, eux au moins, ont consacré une partie de leur attention à l'ensemble de la situation internationale.

On peut difficilement imaginer une initiative indiquant mieux au reste du monde que les Etats-Unis ont l'intention de modifier leur mode d'intervention dans les affaires internationales que la liquidation de la CIA. Mais ce démantèlement ne devrait être envisagé que s'il aboutit à accroître la sécurité nationale américaine et non à la diminuer. Et nous voyons tout de suite qu'il aurait ce résultat, d'abord en faisant comprendre aux autres services de renseignement qu'ils ne sont pas irremplaçables et feraient bien d'accomplir leur travail d'enquête, de recherche et d'analyse mieux qu'ils ne l'ont fait avant les attaques du 11 septembre, et ensuite en éliminant la menace qu'a fait planer la loyauté douteuse de certains agents importants de la CIA. Peu d'agences gouvernementales ont nui davantage aux intérêts américains, en employant des traîtres, que la CIA. En fait, comme cela a été le cas de l'agent double Aldrich Ames, il se peut que l'Agence ait transmis plus d'informations essentielles à l'étranger qu'elle n'en a apporté aux Etats-Unis.

Et qu'en serait-il des opérations qui ont été l'obsession de la CIA ? Dans une organisation radicalement nouvelle des services secrets, cette activité pourrait être confiée aux unités les plus qualifiées pour les mener : non à des civils jouant à la guerre, mais à de vrais militaires, spécifiquement aux corps expéditionnaires des forces spéciales (insuffisamment développées) des Etats-Unis. En fait, la transformation des forces spéciales, de divisions auxiliaires de services existants qu'elles étaient (SEAL de la marine de guerre, unités aéroportées d'élite dans l'armée) en une cinquième armée, pourrait bien être l'aspect le plus important d'une réorganisation des forces et du système de sécurité nationale américains visant à permettre de mener des guerres limitées stratégiquement décisives. A aucun moment au cours de la période postérieure à la guerre du Viêtnam la prédominance des opérations, en particulier tactiques, conduites par les forces spéciales n'a amené un officier supérieur ou un haut fonctionnaire de Washington à penser que lesdites forces avaient mérité de ne plus jouer les seconds rôles (comme l'ont fait les Marines depuis longtemps) et donc d'être traitées en corps indépendant, avec son académie, son budget, son chef d'état-major et son secrétaire propres. De troupes d'« élite », auxquelles on ne fait appel qu'en situation d'urgence, ces forces spéciales seraient élevées au rang de nouvelle armée régulière dans une nouvelle forme de guerre. Dans une telle guerre, où il est beaucoup plus difficile de séparer les combattants des civils, le recours à des troupes possédant à un degré supérieur la capacité tactique de faire la distinction entre les deux est non seulement conseillé mais nécessaire.

Comme dans la plupart de ces réformes apparemment techniques ou bureaucratiques, une telle montée en grade des forces spéciales possède une dimension morale. Car le fait de confier des opérations clandestines aux agents de la CIA, qui sont inadéquatement entraînés, et en fin de compte aussi peu comptables de leurs actions que l'organisation dont ils font partie, a, nous l'avons dit, non seulement attiré sur les Etats-Unis les critiques les plus diverses mais aussi gravement nui à leur image de nation juste. Autrement dit, la CIA a été une illustration vivante de la « loi de Vattel » : la façon dont un pays choisit de mener ses opérations est la mesure réelle de la validité de la cause qu'il défend. Comment une nation qui s'est montrée de loin la plus généreuse de l'histoire — en particulier depuis la Seconde Guerre mondiale — aurait-elle pu autrement être si souvent jugée dans son tort ? Selon certains analystes, c'est la conséquence logique du fait d'être la seule grande puissance, le danger inévitable de l'exercice d'une hégémonie. D'autres mettent cela sur le compte de la jalousie et affirment que les autres pays envient simplement ce que possède l'Amérique et la tiennent pour responsable de leur incapacité à l'obtenir. Il y a une certaine vérité dans chacun de ces arguments mais aucun n'explique convenablement l'importance de l'hostilité envers les Etats-Unis dans le monde d'aujourd'hui. Il est donc temps qu'ils appliquent la loi de Vattel à eux-mêmes aussi rigoureusement qu'ils l'ont fait aux autres, afin non seulement de se doter d'une élite militaire supérieure, mais aussi de mieux répondre aux exigences éthiques (qui dans ce domaine deviennent pratiques) de la guerre limitée, car celle-ci est, répétons-le, la seule forme de guerre capable d'éradiquer le terrorisme.

En assignant des objectifs spécifiques à cette nouvelle machine militaire progressiste, nous devons nous poser à nouveau une question qui a tourmenté les généraux et les hommes politiques américains dans l'après-guerre, surtout ces vingt dernières années : dans un conflit donné, contre qui exactement se bat-on ? Ce n'est pas seulement une question d'ordre militaire, bien qu'elle le soit aussi de toute évidence, car si l'on veut conserver le soutien de la population et limiter l'impact sur les civils il est essentiel d'être clair sur les buts de la guerre que l'on mène. Ces derniers temps, les Etats-Unis ont bien souvent oublié de l'être. Ainsi, on nous a répété maintes fois qu'ils ne faisaient pas la guerre aux individus. Telle a été en fait la raison invoquée de leur incapacité à marcher sur Bagdad pendant la guerre du Golfe et à mettre fin au régime dictatorial de Saddam Hussein, une fois son armée vaincue sur le terrain.

Cependant, les forces de coalition qui étaient entrées en Irak avaient pris la précaution d'annoncer, comme l'avaient fait leurs dirigeants, qu'elles n'étaient pas en guerre avec la population irakienne. Cela posait un problème logique qu'avaient soigneusement éludé ces dirigeants : si on ne faisait la guerre ni aux individus ni au peuple irakien, alors à qui la faisait-on ? La réponse généralement donnée était que la coalition avait attaqué l'armée de Saddam Hussein pour la chasser du Koweït et mettre fin à l'occupation irakienne. Une invasion, un génocide ou une attaque terroriste sont l'œuvre d'*êtres humains*, et si une *nation* entière n'en est pas responsable, il faut nécessairement que ce soit un *individu* ou un *groupe d'individus*, et ces individus doivent faire l'objet d'une justice sommaire et non pénale, car ce qu'ils ont déclenché, c'est une guerre.

Cette confusion quant à l'identité exacte de l'ennemi ou des ennemis dans la guerre du Golfe a énormément contribué à alourdir les pertes subies par les civils : non seulement la population irakienne a été victime de bombardements massifs, mais, après le départ des forces de coalition, elle a été laissée entre les griffes d'un régime autoritaire puissant auquel beaucoup s'étaient opposés, persuadés que les coalisés les soutiendraient. Elle a également eu pour effet d'empêcher de mettre un terme au comportement dangereux de Saddam Hussein. On a donc dû imposer à l'Irak des sanctions économiques, qui n'ont en rien érodé son pouvoir mais ont entraîné des privations et semé la mort parmi la population irakienne. On a craint à l'époque que l'Irak ne sombre dans la guerre civile si Saddam était éliminé. Mais si la capacité de l'Irak à produire des armes de destruction massive avait été définitivement anéantie (comme cela ne pouvait être fait qu'au sol, répétons-le), un tel conflit civil aurait-il eu un effet plus terrible sur la population irakienne que l'actuelle campagne de terreur menée par Saddam dans son pays et à l'échelle internationale ?

Le besoin de comprendre et de définir plus précisément les buts d'une guerre — autrement dit de limiter celle-ci — est encore confirmé quand on met en contraste l'échec de la guerre du Golfe et deux opérations militaires menées par les Etats-Unis avec plus de succès à une époque récente : l'attaque aérienne tactique de la Libye en 1986 et l'invasion du Panamá en 1989. Les objectifs de ces deux opérations étaient clairement définis et très semblables. Le chef de l'Etat libyen, Muammar Kadhafi, soutenait depuis longtemps des actions terroristes, et l'administration Reagan — effrayée par des agressions comme l'attentat à la bombe contre une caserne de Marines à Beyrouth en 1983 — croyait qu'il avait été à l'origine de presque toutes les attaques terroristes de la décennie écoulée, en particulier le récent attentat à la bombe en Allemagne dans une discothèque fréquentée par des soldats américains. L'objectif du raid de 1986 était de frapper les installations militaires libyennes et surtout de tuer Kadhafi, ou du moins de l'inquiéter au point de l'amener à renoncer à soutenir des actions terroristes. Kadhafi survécut à l'attaque mais fut très ébranlé et, même s'il ne renonça pas complètement à ses menées terroristes (il a peut-être joué un rôle dans l'attaque du vol 103 de la Pan Am), elles devinrent beaucoup moins fréquentes.

Dans le cas du Panamá, l'action et son objectif étaient encore plus clairs. Le général Manuel Noriega, le dictateur panaméen qui avait été un agent de la CIA (autre gloire de l'Agence...), s'était retourné contre les Etats-Unis, qui, toujours inquiets pour le canal qu'ils avaient construit, avaient néanmoins accepté, sous le président Jimmy Carter, de l'abandonner au Panamá à la fin du siècle. Le président George H. W. Bush, en tant qu'ancien directeur de la CIA, était bien placé pour savoir combien Noriega était changeant et imprévisible. Le comportement du dirigeant panaméen et ses forces de défense de triste réputation favorisaient le développement rapide d'un état de violente anarchie. Les Etats-Unis envahirent donc le Panamá, capturèrent Noriega et l'emmenèrent aux Etats-Unis pour le juger. La conclusion judiciaire de l'épisode le ternit peut-être quelque peu, mais il n'en reste pas moins que les dirigeants américains avaient décidé, de manière claire et réaliste, que s'ils n'étaient pas en guerre avec la population du Panamá, ils l'étaient avec son chef d'Etat (bien que, là encore, cette guerre n'ait pas été officiellement déclarée), et ils entreprirent ouvertement de l'empêcher de nuire.

Ces mêmes dirigeants américains auraient été bien inspirés de suivre la même stratégie en Irak à peine un an plus tard. Au lieu de cela, ils en revinrent aux règles stratégiques relatives à l'engagement des troupes établies cinq ans plus tôt par Caspar Weinberger, le secrétaire à la Défense de Ronald Reagan — ce qu'on a appelé la « doctrine Weinberger ». Ces règles imposaient six conditions préalables à l'action, toutes d'une apparence simpliste, voire d'une évidence trompeuse. Premièrement, l'« engagement » devait être « essentiel à l'intérêt national », deuxièmement, les Etats-Unis devaient avoir « l'intention manifeste de gagner », troisièmement, les objectifs militaires et politiques devaient être « clairement définis », quatrièmement, ces objectifs devaient être « continuellement réévalués et ajustés », cinquièmement, l'engagement devait « recevoir le soutien de la population américaine et de ses représentants élus au Congrès », enfin, l'action militaire ne devait être entreprise qu'en « dernier recours ».

La doctrine Weinberger a exercé un effet profond sur la bureaucratie du Pentagone, déjà hésitante et prudente, qui préférait ses budgets monstrueusement gonflés en temps de paix à la défense active des intérêts américains. Cette attitude circonspecte allait être encore accentuée par Colin Powell, chef suprême des armées du président Bush, pour qui la retenue, plutôt que l'action, était l'aspect le plus impressionnant de la puissance militaire (une idée qu'il aurait empruntée à Thucydide) et qui insistait sur la nécessité de réunir (mais, en accord avec ce qui précède, pas forcément d'utiliser) une force militaire écrasante avant de mener une campagne.

Ces deux doctrines sont en complet désaccord avec toutes les notions historiques de guerre limitée. L'exigence d'objectifs « clairement définis » énoncée par Weinberger s'est avérée trompeuse et de pure forme, car ne l'étaient que ceux qu'il voulait bien considérer comme tels, et, comme sa doctrine en général, sa façon de les définir était marquée par une prudence extrême. La philosophie d'ensemble de la doctrine Weinberger et de ses corollaires ajoutés par Powell était apparemment conforme à la tradition militaire américaine — la guerre d'usure menée par des forces d'une supériorité écrasante dans un but à caractère absolu et inconditionnel —, mais il devint bientôt évident qu'en comparaison de Weinberger et de Powell, Ulysses Grant faisait figure de risque-tout. Car Grant, bien qu'il ait cru à la guerre d'usure et à la nécessité de disposer de forces écrasantes et qu'il ait été prêt à sacrifier des dizaines de milliers de vies humaines à ces deux principes, avait au moins obtenu un résultat politiquement décisif grâce à sa puissante armée. En outre, il lui arrivait de cautionner (car il était incapable d'innover) des initiatives stratégiques hardies, comme la marche de Sherman à travers la Géorgie et la Caroline du Nord et du Sud. En revanche, Weinberger répugnait à se lancer dans de semblables aventures et il revint à George Shultz, le secrétaire d'Etat de Reagan, de parer avec vigueur et de manière préventive aux menaces qui planaient sur la sécurité américaine, en particulier celle du terrorisme international.

Dans un discours prononcé avant que Weinberger ne répande sa doctrine (discours qui aurait dû inciter ce dernier à l'abandonner), Shultz posa la question suivante : « Une nation comme la nôtre et la communauté des pays libres peuvent-ils conserver une attitude défensive et se contenter d'absorber les coups portés par les terroristes ? Je ne le crois pas. Du point de vue pratique, une défense purement passive n'exerce pas un effet de dissuasion suffisant sur les organisations terroristes et les Etats qui les soutiennent. Il est temps de penser sérieusement à des moyens de défense plus actifs, à des actions préventives appropriées contre ces organisations *avant* qu'elles ne frappent. » Après plus de deux siècles de guerre illimitée, un Américain proposait enfin de respecter les principes d'une guerre limitée et progressiste, principes qui furent appliqués deux ans plus tard lors du raid aérien contre la Libye. Au cours de celui-ci, non seulement le nombre des victimes civiles et, de manière générale, l'envergure des opérations furent limités au maximum, mais les moyens déployés étaient plus tactiques que stratégiques (car on avait considéré à juste titre que le risque de compter sur l'effet de surprise valait d'être couru) et l'objectif aussi net que le message : continuez à soutenir les terroristes et nous ferons tout ce qu'il faut pour vous traquer et, si possible, vous abattre. L'assassinat de chefs rebelles était, rappelons-le, l'une des méthodes les plus efficaces utilisées par les Romains pour réprimer les insurrections, bien plus efficace que les expéditions punitives de grande envergure. Nous devrions garder la leçon en mémoire et nous souvenir que le recours à la terreur n'est efficace et légitime que contre le personnel militaire et les chefs d'Etat (ces derniers devenant chefs militaires suprêmes en temps de guerre). Shultz a au moins persuadé son président, et celui de la Libye, de ceci : avec une poignée d'avions tactiques, l'administration Reagan a été capable d'exercer un effet plus profondément dissuasif sur Kadhafi que celui produit par Bush et Powell sur Saddam Hussein avec toute une flotte et un corps expéditionnaire.

Un autre aspect du raid contre la Libye devrait être conservé à l'esprit quand on concevra la manière de riposter non seulement au terrorisme, mais aussi à toute menace militaire. Le gouvernement américain n'a jamais établi la responsabilité personnelle de Kadhafi dans un acte terroriste d'une façon qui tienne devant un tribunal ; l'attaque contre le territoire libyen représentait donc une offensive dirigée non contre des terroristes proprement dits mais contre leurs soutiens étatiques. Comme nous l'avons compris dernièrement, et trop tard, l'armée conventionnelle des Etats qui soutiennent les terroristes doit être considérée comme un auxiliaire des terroristes, et pas uniquement pour des raisons d'ordre militaire. En attaquant les forces conventionnelles de ces Etats, nous modifions radicalement leur position dans l'équilibre régional du pouvoir ; et si nous avons appris quelque chose à propos des Etats engagés dans le terrorisme, c'est que s'ils haïssent l'Amérique, ils accordent encore plus d'importance à leur pouvoir régional. C'est l'une des raisons pour lesquelles le raid de 1986 a eu un effet si profond sur Kadhafi, qui n'est pas homme à s'effrayer facilement : il a admis que les pertes subies par son armée entraînaient un amoindrissement de sa position dans la région, ce qui, pour lui, était presque aussi difficile à accepter que la mort. Nous devrons, si nécessaire, être prêts à exercer un effet de dissuasion semblable sur d'autres Etats qui soutiennent le terrorisme, car cette politique d'action est conforme au principe de la guerre limitée en vertu duquel on doit donner la priorité à l'offensive et à la surprise.

Dernier aspect du raid de 1986 qu'il convient de souligner : en l'effectuant, les Etats-Unis s'en sont tenus à la stricte observance de l'article 51 de la Charte de l'ONU (qui autorise l'action militaire en cas de légitime défense). Ils n'ont pas tenté de former une coalition contre Kadhafi, ce qui aurait eu le même effet que plus tard en Irak et récemment en Afghanistan : avertir l'ennemi qu'une attaque se prépare contre lui. De fait, dans l'opération libyenne, le gouvernement français a refusé de laisser les chasseurs bombardiers américains qui décollaient d'Angleterre traverser son espace aérien national, et les chances de bâtir une coalition auraient été faibles. Mais les Américains ont persévéré en tenant compte du temps nécessaire pour contourner le territoire français et ont fait décoller leurs avions plus tôt. La leçon à en tirer est essentielle pour obtenir l'effet de surprise et, parfois, éviter tout simplement un désastre. Souvenons-nous qu'en 1950, quand nous avons appris que la Corée du Nord avait envahi la Corée du Sud, le président Harry Truman, sur l'avis de son secrétaire d'Etat, Dean Acheson, a lancé les avions américains *avant* d'avoir reçu le feu vert des Nations Unies, donné ensuite. (L'Organisation des Etats américains, en revanche, qui, de même, n'avait pas été préalablement avertie de l'invasion du Panamá par les Etats-Unis, s'est

« indignée » ; contrairement à l'ONU dans le cas de la Corée, elle n'a pas donné son approbation.) L'initiative militaire ainsi que l'éventuelle nécessité d'éviter un désastre s'accommodent mal des lenteurs inhérentes à la mise en action d'une coalition. Si nos opérations exigent que nous agissions seuls, nous devons le faire.

Est-il possible de compléter les idées émises par Shultz en 1984, d'abord négligées par le camp Weinberger, puis laissées lettre morte par les membres encore plus prudents de l'administration Bush (malgré le raid réussi contre la Libye) et enfin totalement éliminées par l'administration Clinton, laquelle a fait preuve d'une incompétence totale dans ses opérations militaires ? Certaines des méthodes spécifiques ont été esquissées plus haut, mais il manque encore un élément fondamental, que l'actuel secrétaire à la Défense, Donald Rumsfeld, a tenté d'apporter, avec succès. Il s'agit de l'application d'une philosophie militaire globale pour une nouvelle forme de guerre : pas simplement le lancement d'un programme de fabrication d'armes nouvelles et l'élaboration de concepts stratégiques et tactiques novateurs, mais aussi la référence à une éthique proche des enseignements de Frédéric le Grand et de Vattel. Car nous nous trouvons à un moment de notre histoire non moins crucial que le leur. Vattel est particulièrement important à cet égard parce qu'il a découvert une vérité essentielle : une réforme militaire ne peut être imposée de l'extérieur par des moralistes et des juristes, si bien intentionnés (comme l'était saint Augustin) ou supérieurement intelligents (comme Grotius) soient-ils. Les réformes militaires doivent plutôt se développer organiquement en fonction des intérêts militaires et politiques bien compris du pays concerné. La « loi de Vattel » est remarquable en ceci qu'elle reconnaît implicitement qu'aucune nation ne tient compte des critiques morales venues de l'extérieur. Si une réforme ne favorise pas les intérêts de la nation, celle-ci ne l'entreprendra pas. C'est pourquoi il appartient maintenant à des penseurs militaires — historiens, théoriciens et officiers — de trouver le moyen de concilier la pratique de la guerre limitée (ainsi que l'abandon corrélatif de la guerre totale) avec la défense énergique de la sécurité nationale. L'histoire de la guerre prouve amplement que cette conciliation est possible ; seuls la paresse intellectuelle et le goût de la destruction et de la vengeance conduisent tant d'armées, de factions et d'individus à y renoncer.

Nous sommes de toute évidence à une croisée des chemins, non seulement de notre évolution dans le domaine militaire, mais aussi quant à l'avenir de la civilisation. Il n'y a jamais eu deux forces plus puissantes à l'œuvre dans le monde que la démocratie capitaliste internationale et l'islam fondamentaliste, deux forces plus capables de semer la destruction physique et culturelle, de mener différents types de guerre contre des civils. Dans les années à venir, les deux camps devront comprendre leurs propres excès et ceux des autres et s'engager dans d'authentiques programmes de réforme. L'islam doit enfin réinterpréter des passages du Coran anachroniques et inspirés par le contexte de l'époque, qui étaient essentiels à la survie de la foi dans l'Arabie des VIIe et VIIIe siècles mais poussent aujourd'hui des hommes à commettre des actes de terrorisme contre des civils allant à l'encontre du but recherché. De même, le capitalisme occidental enclin au prosélytisme doit apprendre à se restreindre et à respecter les autres cultures, et il faut que les gouvernements occidentaux, celui des Etats-Unis en particulier, comprennent que l'époque de la politique de la canonnière est révolue et terriblement contre-productive. Nos forces armées doivent être conçues et employées pour protéger le peuple américain et non les entreprises américaines (qui se comportent de manière beaucoup moins arrogante et plus responsable quand elles ne tiennent pas pour acquis qu'elles jouissent d'une protection militaire à l'étranger). En 1815, à la fin de sa vie, Thomas Jefferson touchait au cœur de cette question quand il demanda à un ami si « le profit ou sa sauvegarde était le premier intérêt d'un Etat ».

D'aucuns auront peut-être du mal à admettre qu'une réforme militaire — philosophique aussi bien qu'organisationnelle — peut jouer un rôle aussi essentiel dans la transformation d'une société. Les leçons de la terreur attestent pourtant qu'il en est bien ainsi et montrent la seule voie à suivre pour des belligérants éclairés. Ces lumières ont pourtant brillé pour de nombreux pays et quelques empires, qui ont choisi de les ignorer et d'errer dans les ténèbres que sont les guerres illimitées. Des voix persisteront certainement à tenter de nous dissuader d'adhérer aux principes les plus essentiels de la guerre limitée : le refus de prendre des civils pour cibles, la possibilité d'être constamment prêts à lancer une offensive, la capacité à obtenir un effet de surprise, la préférence donnée aux opérations tactiques discriminantes, et la force d'agir seuls, si nécessaire, pour défendre vigoureusement notre sécurité. La validité de ces stratégies, tactiques et politiques, a été confirmée par deux mille ans de dure expérience, expérience qui doit maintenant venir à bout des faux-fuyants qui passent pour de la prudence. Nous avons certainement assez de sagesse pour respecter les efforts et les sacrifices accomplis au cours des siècles passés, ainsi qu'assez de charité et une conscience suffisante de nos intérêts pour sortir non seulement notre pays mais le monde entier de la crise actuelle et leur épargner à l'avenir de semblables calamités.

BIBLIOGRAPHIE : OUVRAGES GÉNÉRAUX

ADAMS, James, *Engines of War*, Atlantic Monthly Press, New York, 1990.

AQUIN, Thomas d', *Œuvres.*

ASHLEY, Maurice, *The Greatness of Oliver Cromwell*, Collier-Macmillan, Londres, 1957.

ASPREY, Robert B., *War in the Shadows*, Doubleday, Garden City, N.Y., 1975.

AUGUSTIN, saint, *La Cité de Dieu.*

BAMFORD, James, *The Puzzle Palace*, Penguin Books, New York, 1983.

BLUM, William, *Killing Hope*, Common Courage, Monroe, Me., 1995.

BRZEZINSKI, Zbigniew, *Power and Principle*, Farrar, Straus and Giroux, New York, 1983.

BURY, J.B., *The Invasion of Europe by the Barbarians*, Norton, New York, 1967.

CHACE, James, et CARR, Caleb, *America Invulnerable*, Summit Books, New York, 1988.

CHILDS, John, *Warfare in the Seventeenth Century*, Cassell, Londres, 2001.

CLAUSEWITZ, Carl von, *De la guerre*, Minuit, Paris, 1955.

Coran, le, GF-Flammarion, Paris, 1970.

CORDINGLY, David, *Under the Black Flag*, Random House, New York, 1995.

COWELL, F.R., *Cicero and the Roman Republic*, Penguin Books, Londres, 1964.

EARLE, Edward Meade, *Les Maîtres de la stratégie*, Berger-Levrault, Paris, 1980.

ERASME, *Eloge de la folie*.

FERRILL, Arthur, *The Origins of War*, Thames and Hudson, Londres, 1985.

FRANCE, John, *Western Warfare in the Age of the Crusades*, Cornell University Press, Ithaca, N.J., 1999.

FULLER, J.F.C., *The Conduct of War, 1789-1961*, Rutgers University Press, New Brunswick, N.J., 1961.

— *Grant et Lee*, Indiana University Press, Bloomington, 1957.

— *Les Batailles décisives du monde occidental*, Berger-Levrault, Paris, 1983.

GOLDSWORTHY, Adrian, *Roman Warfare*, Cassell, Londres, 2000.

GRABNER, Norman, éd., *The National Security*, Oxford University Press, New York, 1986.

GUILLAUME, Alfred, *Islam*, Penguin Books, Londres, 1969.

HALLAM, Elizabeth, éd., *Chronicles of the Crusades*, Weidenfeld and Nicholson, New York, 1989.

HITTI, Philip K., *Makers of Arab History*, Harper, New York, 1971.

HOBBES, Thomas, *Léviathan*, Sirey, Paris, 1971.

JOHNSON, Loch, K., *America's Secret Power*, Oxford university Press, Oxford, 1989.

JOSEPHUS, *The Jewish War*, Penguin Books, Londres, 1981.

KAPLAN, Robert, *The Coming Anarchy*, Random House, New York, 2000.
KEEN, Maurice, *Chivalry*, Yale University Press, New Haven, 1984.
— éd., *Medieval Warfare*, Oxford University Press, Oxford, 1999.
KESSLER, Ronald, *Inside the CIA*, Pocket Books, New York, 1992.
KIRNCHE, Jon, *The Second Arab Awakening*, Holt, Rinehart and Winston, New York, 1970.
KISSINGER, Henry, *Diplomatie*, Fayard, Paris, 1996.
LAQUEUR, Walter, *The New Terrorism*, Oxford University Press, Oxford, 1999.
LESSER, IAN O., et al., *Countering the New Terrorism*, Rand, Santa Monica, 1999.
LIDDELL Hart, B.H., *Strategy*, Praeger, New York, 1967.
LIVY, *The War with Hannibal*, Penguin Books, Londres, 1965.
LORD, Walter, *The Dawn's Early Light*, W.W. Norton, New York, 1972.
MATTHIAS, Willard C., *America's Strategic Blunders*, Pennsylvania State University Press, University Park, Pa., 2001.
MILLIS, Walter, éd., *The Forrestal Diaries*, Viking, New York, 1951.
NETANYAHU, Benjamin, *Fighting Terrorism*, Farrar, Straus and Giroux, New York, 1995.
— *Terrorism : How the West Can Win*, Farrar, Straus and Giroux, New York, 1986.
NUTTING, Anthony, *The Arabs*, New American Library, New York, 1964.
O'TOOLE, G.J.A., *Honorable Treachery*, Atlantic Monthly Press, New York, 1991.
PANCAKE, John S., *This Destructive War*, University of Alabama Press, Tuscaloosa, 1985.

PARRY, Albert, *Terrorism from Robespierre to Arafat*, Vanguard, New York, 1976.

RHODEHAMEL, John, éd., *The American Revolution : Writings*, Library of America, New York, 2001.

ROYSTER, Charles, *The Destructive War*, Vintage, New York, 1993.

SETON-WATSON, R.W., *Britain in Europe, 1789-1914*, Cambridge University Press, Cambridge, 1945.

SHERMAN, William Tecumseh, *Memoirs*, Library of America, New York, 1990.

STERN, Jessica, *The Ultimate Terrorism*, Harvard University Press, Cambridge, Mass., 1999.

SUETONE, *Vies des douze Césars*.

SUN TZU, *L'Art de la guerre*.

TACITE, *Annales*.

VATTEL, Emmerich de, *Le Droit des gens*, Institut Henri Duand/Slatkine, Paris, 1983.

WOODWARD, Bob, *Chefs de guerre*, Calmann-Levy, Paris, 1991.

YERGIN, Daniel, *La Paix saccagée*, Complexe, Paris, 1991.

Impression réalisée sur CAMERON par

BUSSIÈRE CAMEDAN IMPRIMERIES

GROUPE CPI

à Saint-Amand-Montrond (Cher)
en mars 2002

N° d'édition : 6980. — N° d'impression : 021129/1.
Dépôt légal : mars 2002.

Imprimé en France